『五輪書』の原典から読み解く
最重要文書『兵道鏡』『円明三十五ヶ条』の解読

武蔵“無敗”の技法

赤羽根 龍夫
Akabane Tatsuo　春風館関東支部長

BAB JAPAN

序論　知られざる伝書

史上最強の武人とも謳われ、60余戦におよぶ真剣勝負を無敗で戦い抜いた宮本武蔵（1582―1645享年64）。その著『五輪書』は今や世界的に読まれている名著として広く知られるようになっている。武蔵の事を学びたいなら『五輪書』を読むべし、というのが今の常識なのではないかと思う。

しかし、実際にこの『五輪書』全編を幾度も読み通し、読み返した方はどれくらいいるのだろうか？

『五輪書』は決して読みにくい書ではないのだが、その書かれている範囲が広すぎて、核心が見えづらい。そもそも『五輪書』は、宛先は熊本での第一の高弟、寺尾孫之丞となっているが、本来は武蔵が細川忠利の依頼を受けて書いたものと考えるべきもので、〝兵法書〟とするために〝大分《だいぶん》の兵法論〟や精神論を多分に盛り込んだという経緯がある。いわば、武蔵が本来言いたかった事でないものも組み入れられている。もっとも、そこの利ももちろんあり、だからこそ現代においてビジネス書や人生論的な読まれ方もされるようになった。しかし、やはりこの『五輪書』の核心は身体論であり、〝戦い方〟である。今の時代、もしかすると俗に感じてしまう言い方かもしれないが、いわば〝勝つための技術〟が書かれている書なのである。

『五輪書』には実はその前身となる書がある。『五輪書』は武蔵最晩年のものだが、その少し前に『兵法三十五箇条』が書かれている。その名の通り35（厳密には36）の項目から成っているが、『五輪書』が90項目近くに及ぶ事を考えると、武蔵が最初に、本当に言いたかった〝原点〟たる35ヶ条と言えるだろう。この35ヶ条はほとんどの項目が『五輪書』に継承されており、そのほとんどは「水之巻」「火之巻」に収められている。『五輪書』においては身体的な理論や具体的な戦い方が集められている編だ。

そして、武蔵の言の〝粋〟たる35の項目は、遡る事約10年、50歳の頃に書かれた『円明三十五ヶ条』という書としてすでに成立している。『円明三十五ヶ条』は『昔咄』にその存在が語られ、名古屋春風館の柳生文書の中に秘蔵されていた。『五輪書』で「兵法至極を得た」と表現されている50歳である。武蔵の最も言いたかった具体論はこの『円明三十五ヶ条』にこそあると筆者は推察した。

『円明三十五ヶ条』と『兵法三十五箇条』を比較してみると、『円明三十五ヶ条』は『兵法三十五箇条』の冒頭第1条「此の道二刀と名付る事」と第2条の前半、「国を治め身を修むる事」までも含めた「大分の兵法」論はなく、第2条の後半「惣体一同にして」を第1条として始まっていた。さらに『兵法三十五箇条』の最終条第36条「万理一空」は『円明三十五ヶ条』の最終条第35条「期を知る（直道という極意の太刀）の前の第34条に置かれていた。この改変は武蔵を熊本に呼んだ熊本藩主、細川忠利の「兵法書」を書いてほしいという要請に応じて本来術理書であった『円明三十五ヶ条』を兵法書に仕立て直した書が『兵法三十五箇条』なのだという事を表している。それ以外の多くの条文は継承されている。また、最晩年に書かれた『五輪書』には『兵法三十五箇条』の順序に沿って「大分の兵法論」は冒頭の「地之巻」に、「空」は精神論として最後の「空之巻」に置かれていた。こうして並べてみると『円明三十五ヶ条』が『兵法三十五箇条』と『五輪書』の元本であると言わざるを得ない。「大分の兵法」論および「空」論以外の本来の術理に関する項目は『五輪書』『兵法三十五箇条』『円明三十五ヶ条』と比較してみると、条文としては継承されているようにみえるが、その中身は少なくない改編がなされている。多くは、時代を遡るほど具体性を帯びている。よって、まずは『円明三十五ヶ条』全条文を具体的に解読する事を本書の第一義とした。

この『円明三十五ヶ条』にはさらなる前身が存在する。吉岡一門との三度の決闘に勝利し「天下一」の自負を持った翌年、新たに創流した円明流の術理書として書いた『兵道鏡』である。この時、武蔵は24歳である。これら4書の関係は次ページを参照いただきたい。

円明三十五ヶ条

1 惣体一同にして余る処なく～
2 身懸かりは～
3 太刀にも手にも生死～
4 足使い～
5 目付けの事
6 間積の事
7 心はめらず、かからず、～
8 兵法、身構えあり。
9 （糸兼と云う事、～）
10 太刀道の事
11 打つと当ると云う事
12 三つの先と云う事
13 戸を越すと云事
14 太刀に替わる身の事～
15 二つ足、一つ打つ内に、～
16 剣を踏むと云う事
17 陰を押さゆると云事～
18 影を動かすと云事～
19 弦をはづすと云う事～
20 オグシの教えの事～
21 拍子の間を知ると云う事～
22 枕の押えとは～
23 景気を知と云うは～
24 敵に成ると云う事～
25 残心、放心は～
26 縁の当たりとは～
27 漆膠のつきとは～
28 シウコウの身～
29 タケ、クラブルとは～
30 扉の身と云うは～
31 将卒と兵法の理を身に受けては～
32 有構無構と云うは～
33 岩尾の身とは～
34 万理一空は～
35 期を知ると云うは～

兵道鏡

1 心持ちの事　付　座の次第
2 目付けの事
3 太刀取り様の事
4 太刀合いを積るの事
5 足遣いの事
6 身の懸かりの事
捕 前八の位の事
7 指合切りの事
8 転変外す位の事
9 同、打ち落される位
10 陰位の事　付　喝咄
11 陽位の事　付　貫く心持ち
12 同位（陽の位）張る積りの事
13 定可当の事
14 先を懸ける位の事
15 切先返しの事
16 足を打つ位の事
17 手を打つ位の事
18 切先外す位の事
19 乗る位の事
捕 春（つ）く心持ちの事
20 すり足の事
21 真位の事
22 有無二剣の事
23 手裏剣、打ち様の事
24 多敵の位の事
25 実手取りの事
26 太刀・刀、抜き合い様の事
27 是極一刀の事
28 直通の位の事

五輪書（抄）

地　此一流、二刀と名付くる事
　大分の兵法論
水　太刀の持ちやうの事
水　兵法の身なりの事
水　足づかひの事
水　兵法の目付といふ事

水　兵法心持の事
水　五方の構の事

水　太刀の道といふ事　太刀にかはる身といふ事
水　打つとあたるといふ事
火　三つの先といふ事
火　とをこすといふ事
水　太刀にかはる身といふ事

火　けんをふむといふ事
火　かげをおさゆるといふ事
火　かげをうごかすといふ事
火　四手をはなすといふ事

水　二のこしの拍子の事　敵を打つに一拍子の打の事
　無念無相の打といふ事　流水の打といふ事
火　枕をおさゆるといふ事
火　けいきを知るといふ事
火　敵になるといふ事
水　縁のあたりといふ事
水　しうこうの身といふ事
水　しつかうの身といふ事
水　たけくらべといふ事

火　しやうそつをしるといふ事
水　有構無構のおしへの事
火　いわをのみといふ事
水　直通のくらいといふ事
空　二刀一流の兵法の道～

※　水…水之巻、火…火之巻、空…空之巻　に収録されている項目である事をそれぞれ示す。

兵法三十五箇条

1　此道二刀と名付事
2　兵法の道見立処の事（前半）
　（後半）惣体
3　太刀取様の事
4　身のかゝりの事
5　足ぶみの事
6　目付の事
7　間積りの事
8　心持ちの事
9　兵法上中下の位を知る事
10　いとかねと云事
11　太刀の道の事
12　打と当ると云事
13　三ツの先と云事
14　渡を越すと云事
15　太刀に替る身の事
16　二ツの足と云事
17　剣を踏むと云事
18　陰を押ゆると云事
19　影を動かすと云事
20　弦をはづすと云事
21　小櫛のおしへの事
22　拍子の間を知ると云事
23　枕の押へと云事
24　景気を知ると云事
25　敵に成ると云事
26　残心・放心の事
27　縁の当りと云事
28　しつかうのつきと云事
29　しうこうの身と云事
30　たけくらべと云事
31　扉のおしへと云事
32　将卒のおしへの事
33　うかうむかうと云事
34　いはをの身と云事
35　期をしる事
36　万理一空の事

気勢冷めやらぬ脂の乗り切った時期に書かれた『兵道鏡』は最も具体的な技術論、身体論が書かれている。若いゆえか、その後削ぎ落として行く事になる〝形《かたち》〟の部分の記述も少なくないが、武蔵の〝戦い方〟を知るためにはここを無視してはならないと考えた。

私は武蔵が無敵であった理由は『兵道鏡』と『円明三十五ヶ条』に書かれているに違いないと確信した。『五輪書』序文によると50歳以降は「それより以来《このかた》は、尋ね入るべき道なくして光陰（月日）を送る」とあるので、晩年に熊本で書かれた『兵法三十五箇条』と『五輪書』だけでは武蔵の生の声は聞けないと思われる。

本書ではまず第一章として『円明三十五ヶ条』全条を体系立てて解読する事により武蔵の武術をつかみ、さらに第二章で『兵道鏡』の内容を、今に残る円明流剣術の術技と照らしながら、より具体的に〝武蔵が負けなかった理由〟を探す事にした。『兵法三十五箇条』と『五輪書』は『円明三十五ヶ条』自体を理解するための参考として使用した。『五輪書』の「一流の太刀筋」を書いた「水之巻」と「火之巻」の個人の戦いを論じた「一分の兵法」論は『兵道鏡』以来の武蔵の剣術の術理を扱った『円明三十五ヶ条』を元に書かれており、「戦い勝負の事」を論じた「火之巻」にはそれ以外に実際に戦っていた時代には表に出せなかった「むかつかせる・おびやかせる・うろめかせる・戦いの極意が惜しみなく書かれているので『兵道鏡』と『円明三十五ヶ条』を理解するのに大いに参考になった。

武蔵を知るには『五輪書』だけではすまない。

『兵道鏡』の特徴は、何と言っても、『円明三十五ヶ条』以降にはないほどの詳細、具体的な論述にある。時には「こんなに細かい描写まで必要なのだろうか？」と思わせるほどに詳細なものもある。しかしここには落とし穴も内在し、その細かな技術描写を追おうとすると、ともすると表面的な形《かたち》をなぞるだけになるきらいがあるのだ。武道をなさっている方ならばご理解いただける事だろうと思う。「型《かた》」を表面的な格好だけ模倣しても意味をなさない。その問題はおそらく当時にしてあり、だから〝表面的な形を伝えても意味がない〟と考えた武蔵は、『兵道鏡』に記した多くの〝詳細な技術描写〟を捨ててしまったのではないだろうか。しかし、それらは決して無駄なものだった訳ではない。『円明三十五ヶ条』に記された、技のさまざまな留意事項、内実を理解してから『兵道鏡』を読むと、「武蔵が本当に伝えたかった事がこれだったのか？」と思えるほど、深い理解ができるようになるのだ。よって本書では、書かれた時系列的には逆になるのだが、第1章を『円明三十五ヶ条』、第2章を『兵道鏡』とした。順にお読みいただければ、その理由を実感していただけるものと思う。

本書では、より実際的な理解を目指し、実技事例を多く挿入しているが、それらは途中、改編はあったものの基本的に、武蔵24歳の時に創始し、今なお伝承される流儀「尾張円明流」の勢法（型）によっている。名古屋春風館道場に伝承されている「尾張円明流」の勢法は全部で十一本あるが、とくに固有の名称がそれぞれに付いている訳ではないので「〇本目」のように表記する。

勢法には武蔵が伝えたかった事が随所にちりばめられている。それをただ表面的な形《かたち》をなぞるだけでは大した稽古にならないが、心がけ次第で〝無敗〟にも手が届き得る深い修練になる。ご注目いただきたい。

『五輪書』には確かに実のある事がたくさん書かれている。その解説書も多く刊行されており、有益なものだ。しかし、武術的な〝実技〟を交えて解説された書はほとんどなかったし、武蔵がどのような体動をしていたのか、そこまでイメージする事は、なかなか難しかったように思う。

武蔵は実際にどのように強かったのか？　それを知れる時が、ついに来たのだ。

2019年2月

赤羽根龍夫

目次

第二章 兵道鏡と実戦（全条解読）……109

第一章

円明三十五ヶ条と対敵術理（全条解読）

※原文は平仮名が多用されているので本書では一部漢字に改め、
送り仮名は現代表記に改めた。

1 総合的身体論 ～根本的な体の在り方

① 全身のバランス

『円明三十五ヶ条』（第1ヶ条）

一、惣体〈全身〉一同にして余る処なく、不足なる処なく、強からず弱からず、頭より足〈の〉裏まで、ひとしく心をくばり、片つり〈片寄り〉無き様に。

『円明三十五ヶ条』の最初の第1ヶ条は「全身が一同で片よりがないように」という話で始まる。一方、『兵道鏡』の第1ヶ条「心持ちの事」は「敵の心の内を引き見るべし」と具体的に戦う敵の身体の状態の観察から始めている。さらに二年後の改定増補版には、最も重要な項目として「前八の位の事」が加わり「身なり、ろく（真直ぐ）に、・・・たとえば空より縄を降ろし、釣り下げたるものと心にあるべきなり」といったように体の在り方が書かれている。「前八の位の事」は『兵道鏡』第6ヶ条「身の懸かりの事」の次に置かれているが、最初に置かれるべき内容で、『円明三十五ヶ条』同様共に身体のバランスを第一としている。（全文は145頁）

『円明三十五ヶ条』は3度の死闘の後に高揚した気持ちで試合の仕方から始まる『兵道鏡』と比べて落ち着いた気持ちで術理書を書こうとしたのであろうか。〝体〟の話から始められる、というのが『円明三十五ヶ条』の大きな特徴だ。武蔵が語りたいのは何よりもまず〝体〟である。～なく、～なく、と、否定表現の連続は、〝何でもない、本来在るべき、簡単な事〟として説こうとしているニュアンスが感じられる。

身体の理想状態を説いているが、そこへ心も同次元に組み入れているところにも注目したい。全身のバランスを実現する要素として心は欠かせない。そう説いているのだ。

② 基本姿勢

『円明三十五ヶ条』（第2ヶ条）
二、身懸かりは、面俯《ふ》せず仰《あお》のかず、肩さゝず、ひずまず、胸を出さずして腹を出し、腰をかゝめず、膝を屈めず、身を真向にして、はたばり（身の幅）広く見するなり。常住兵法の身、兵法常の身と云う事、吟味すべし。

前条と同様に、否定をこれでもかと重ねて表現している。同種の表現は後にも何度か登場するが、こういう時の武蔵は〝本来ならまったく難しくはない事〟を説いている。

数少ない肯定表現の「腹を出し」は突き出すというよりは〝張る〟と解釈すべき。実際、本条が継承されている『五輪書』水之巻「兵法の身なりの事」では「腰のかゞまざるように腹をはり～帯のくつろがざるやうに」と表現が改められている。

宮本武蔵の肖像画（桜山家蔵）

要するに〝真直ぐ〟である。俯きも見上げもせず、肩を力んで上がりもせず、腰も膝も屈めない、とくれば、〝真直ぐ〟以外の何物でもない。さらに「身を真向にして、はたばり広く見する」とくれば、真っ向正対である。

改訂版の「たとえば空より縄を降ろし、釣り下げたるものと心にあるべきなり」という表現は、しようとしてなる〝真直ぐ〟ではなく、自然になってしまう〝真直ぐ〟である。無駄な力がどこにも入っていない状態、それが「自然になってしまう〝真直ぐ〟」だ。

そこからなら、いつでもいかようにもすぐ動ける。偏りがない状態だから当然、そうなる。

これはまったく難しくはない。だから、日常を兵法の身、兵法を日常の身であれと説いている。要するにいつも変わらぬ最高の状態であれという事だ。

兵法の折は攻撃を思うか防御を思うか、日常の折は腑抜けてだらりと歪むか、となりがちな所だが、実は不合理。最も力を使わないのが最上の状態である、という事には、現代の我々こそが気付かねばならない所だろう。

常の身であれということはだらりとゆるんでいいということではない。何が起ころうと心を動かさず平常心であれということで実はこれが一番難しい。

2 持ち方・立ち方・歩き方

① 太刀を持つ手

『円明三十五ヶ条（第3ヶ条）

三、太刀にも手にも生死と云う事あり。構える・受ける・止る時などに、切る事を忘れ、居付くを、手足死と云う。生とは、いつとなく、太刀も手も、出合い安く、堅まらずして、切りよき様に、やすらかなるを、生手と云うなり。

太刀取り様、手首は屈む事なく、肘は伸び過ぎず、屈み過ぎず、手の上筋弱く、下筋強く持つなり。

太刀の持ち方を「生きている、死んでいる」という生々しい言葉で表現する。命のやり取りを最大関心事として生きて来た武蔵の言語感覚である。生死の場で斬りよきようにゆったりと構える手を「やすらかなる」というのも興味深い。

「切る事を忘れ」…を〝居付く〟としている。つまり、斬るその時のみならず、構え、受け、止まっている、いかなる時にも太刀には〝斬る〟ことが宿っていなければ、それは死んでいるのだ。単純に操作だけの話としてもこれは言える。たとえ太刀をもって受けねばならない場面があったとしても、それは〝斬る〟操作と変わりがない。受けだからと面積の広い側面や峰側で受けようとしたら、たちまち刀が駄目になる。側面はもとより、刀というものは峰側からの衝撃に対する強度は刃側からに比べて著しく劣るものなのだ。

これは〝受け〟の心得であるという読み方もできる。〝受け〟と〝攻め〟は全然違う仕事のようだが、実はその境はない。

ボクシングで相手がハードパンチャーだからと、来る前から力んでがっちりガードを固めているようでは勝ち目はない。パリー（手で相手のパンチを受け流す防御法）で受けたとする。ハードパンチだからとそのパリーの手が力みきって固まってしまった〝防御のみに終始する手〟になってしまっては同じく勝ち目はない。「ともかく相手の攻撃をガッチリ凌いだらすぐさま反撃を」というのは誰でも考えがちな所だが、その〝すぐさま反撃〟の足を引っ張っているものの存在にはなかなか気付きにくい。

人は得てして、自分はいつでも動き出せると過信しがちな所がある。だから、動いていない時に、居付いた状態に陥りやすい。すぐ動き出せる、つもりが実は居付いてしまっている、という事が往々にして起こっているのだ。

太刀の持ち方は『兵道鏡』では「薬指・小指を締めて持つ」だったのが、ここでは「手の上筋弱く、下筋強く持つ」となっている。この点に関しては133ページで詳しく述べる。

②足運び

『円明三十五ヶ条』（第4ヶ条）

四、足使い、時に因り大小・遅早はあれども、常に歩む如し。飛足・浮足・踏みすゆる足・抜く足・後れ足・先立つ足、これ皆悪し。場悪くとも構いなき様に慥《たしか》に踏むべし。

これも否定表現の連続で極意の足遣いを伝えている。意図的な足運びをすべて断じ、単に「常に歩むが如し」である。

ここで初めて足遣いに「常に歩む如し」が出て来る。

『兵道鏡』第5ヶ条「足遣い」は、「太刀を抜くやいなや、つるつると懸かり」また第1ヶ条でも、「上手な敵には先をかけつるつると懸かり」、後半の「座の次第」でも「つるつると懸かり間合いを詰める」とある。それが『円明三十五条』では「歩む如し」となる。この足運びは『兵法三十五箇条』にも『五輪書』にも受け継がれることになる。

『五輪書』水之巻の第5ヶ条「足づかいの事」に「足のはこびようの事、つまさきを少し浮けて、きびすを強く踏むべし」とある。この「踵《きびす》を踏む」はすでに『兵道鏡』第6ヶ条「身の懸かりの事」に、「踝を強く踏み、つま先を軽ろくして、少し両へ開きて懸かる」と出てきている。しかしなぜか『円明三十五ヶ条』で「踵を踏む」はなくなっている。

これはおそらく「踵を踏む」というと誤解して強く踏み付け過ぎ、居付いてしまうきらいがあったのではないか。そこで「歩む如し」と変えたが、晩年になって『五輪書』で、「歩む如し」「慥に踏む」だけではやはり踵を踏むことの重要性に気が付かないことから「踵を踏む」に戻したのであろうと思う。このニュアンスについてはおそらく『五輪書』だけ読んでいると気付けない。各書を縦断的にとらえて初めて見える事ではないかと思う。

「場悪くとも構いなきように慥に踏むべし」も見逃せない。乱れた足場でも大丈夫なのは、足裏に力みなく、柔らかく地面をとらえるからだ。今、自分が石ころがゴロゴロと転がっているような所で戦うとしたらどのように足を運ぶか、を想像しても同じところに辿り着く。速く足を運びたいなら、この、力みない足を速くしていくよう努力すべきなのだ。

足場が悪くない所で戦う分には大丈夫、という話でもない。飛び込んだ所に石ころがあったら体勢を崩してしまう、というならば、その瞬間に足を払われても、力を加えられても身を崩しやすい、という事だ。また、変化対応がしにくい瞬間でもある。

間違いなく歩み足の方が、咄嗟に何かあった時に変化対応しやすい。力は踵から起こすもの、と考えると、咄嗟に力も出しやすい。ボクサーにも歩み足タイプと跳ねるフットワークのタイプとがいるが、前者はこの利に気付いたゆえだろうと思う。

足運びについてはもう一条ある。この条と合わせてとらえるべきであろう。

『円明三十五ヶ条』（15ヶ条）

十五、二つ足。一つ打つ内に、足二つ運ぶ者なり。太刀に乗り、はずし、つぐも、引くも、足は二つの者なり。足をつぐと云う心、これなり。太刀一つに足一つ踏むは、居付きはまる者なり。二つと思へば常に歩む足なり。

ここでは太刀一つ打つ内に足二つ運ぶと太刀動作との関係で論じている。

多くの流派は歩み足でも一太刀で斬る場合は右足を前に踏みだす。武蔵の場合は一刀で斬るのではなく最初の斬りで相手を動かして二の太刀である切先返しで敵を切ることを主眼とするので「常に歩む」足遣いとなる。そこで「太刀一つに足一つ踏むは、居付きはまる」ことになる。後に『五輪書』水之巻第5ヶ条「足づかいの事」では「二つ足」は「陰陽の足」とも言われ「返す返す、片足ふむべからず」と表現されている。

円明流は二刀流だが、太刀で受けて小刀で切る・突くといったような二刀を振る場合も、速さを重んじると「受けて切る」二つの太刀操作を得てして一足でしてしまう。しかしそれでは太刀操作を流れの中でしたことにはならず一瞬の居付きが生じ、次の動作に繋がらない。

次ページの写真は円明流の勢法（型）一本目。一刀を振りかぶった相手（写真右）に対し、こちらは両手に一本ずつ刀を持つ「二刀流」だ。円明流では一尺六寸のの小刀を使い、「中刀」と呼ぶ。

相手が上段から頭に真っ向斬り下ろしてくるのを左手中刀でさばきつつ、右手太刀で相手の足を打つ。自分の剣が一本ならば「受けて」「刀を反して」「足を打つ」とせねばならないところだが、二刀流ではほとんど〝同時〟なのだ。

さて、この最後の動作を実際に肉眼で見ていると確かに〝防御と攻撃を同時に行なっている〟ように見えるが、足遣いとしては違い、実はその内には二つの足を含んでいる。すなわち、一の足で受けて、二の足で打っているのだ。二の足の〝踏みかえ〟を二歩と勘定するなら、この一瞬の動きの中に実に三歩の足運びが含まれている。

◆円明流　一本目

1

打太刀（写真右）：雷刀（上段）
使太刀（同左）：（円明流上段）
左手中刀（1尺6寸の小刀）。
切先は打太刀の左眼を指し、
刃を斜めにして身を防ぐ。
太刀は撥草勢にたち、左脇
を先にする。
双方相懸かりに進む。

2

注意点：相懸かりはすべて使
太刀が先を懸けて進む。

打太刀：使太刀が間を越す瞬
間、頭を打っていく。
使太刀：左足で踏み込みつつ
中刀をもって相架け止め（一
の足）

3

4

使太刀：右足を出して左足を引く〝踏みかえ〟を行ないな
がら太刀をもって打太刀の内股または足を打つ。（二の足）

注意点：足を踏み替えるのは相手に近付かないため。
打つ箇所は本来自由である。神戸金七の「二刀勢
法」には「左手」とある。足を打つと足腰の使い
方の鍛錬になる。

私が指導している春風館関東支部では二刀の操作は二つの足で行なうように指導している。しかし一太刀で斬る場合に足二つ運ぶことは、太刀を最初の一足で振り上げて次の一足で斬るというような操作以外は難しい。ここに「水」と関係のある武蔵の太刀操作の真骨頂があるはずであり、現在研究しながら練習しているが、すべての場合で「二つの足」を使うことはいまだにできていない。

③構えの本質

『円明三十五ヶ条』（第8ヶ条）

八、兵法、身構えあり。太刀にも色々構えをみせ、強みに早く見ゆる兵法、下段なり。又兵法細かに見え、術をてらい、拍子よき様に見え、その品きら〔綺羅〕ありて見事に見ゆる、これ中段なり。兵法強からず弱からず角らしからず、早からず、見事にも無く、悪（しく）も見えず、直にして静かに見える、これ上段なり。

ここで上段、中段、下段とあるので太刀の構え方の上段中段下段の事と誤解しやすいが、表題に「兵法上中下の位を知る事」、書き出しに「兵法、身構え有り」とあるように、上中下は兵法の位、身の構えの品《ひん》の問題で、構えた姿が兵法としての「品位」があるかどうかを問題にしている。強く見せようと構えるのは下の位、兵法上手だと術をてらうのは中の位で、本来あるべき上の位の兵法は、強くも見えず見事にも見えず「直にして静かに見える」兵法であると説く。ここでも〝〜でなく〟という否定的表現が6ヶ所使われている事に注目したい。兵法に上達するという事は余分なものを削ぎ落としていく事である。

なお、武蔵が名古屋に遣わした竹村与右衛門の教えを書いた『円明水哉伝』はこの条を次のように説明している。

上中下の沙汰

一、太刀持ち様の高下にあらず。

下段は、敵の心にのまれ、或は敵の跡を打つ、或は身も心も太刀も一つに違う事、これ下なり。

中段は、敵打つに随って打ち、心も敵にしたがうを中段という。よろず敵と同気になる悪し。敵にはなれざれば、何程能《よ》く見えても中段宜《よろし》からず。

上段は、敵如何様になすとも、我下知に付けて我が方に先を取り、心と太刀と別にして入処にて違い、当たる所にて勝つを上段と云う。口伝多し。

与右衛門ははっきりとここで問題としている上段中段下段は「太刀の持ち方の高下ではない」と言っている。しかし内容自体は武蔵の『円明三十五ヶ条』と随分違うように見える。『円明三十五ヶ条』は身の構えの品位を問題としているが、与右衛門の説明は敵との関係で兵法の位を問題としている。

敵に呑まれる（下段）位か、敵の打ちに随う（中段）位か、敵を我が下知に従わせ我が方が先を取る（上段）位かという、戦いの主導権の取り方・勢いを問題としている。こちらの方がより実戦的で、武蔵は『円

◆円明流　一本目（終末動作）

円明流の勢法一本目における終末動作。打太刀（写真右）が打ちかかっていくが、上段構えの使太刀（同左）がもしただ突っ立っているだけならば、相手は〝好きに料理してやろう〟と思うだけで、実際落ち着いてゆっくりと最適な動作を選択できる。しかし、使太刀から、前に出る〝勢〟が感じられると、打太刀は焦って打たされる事になる。

明三十五ヶ条』を書いた後に弟子になった与右衛門にはこのように説明したのだと思われる。その後に熊本で書き直された『兵法三十五箇条』では当然書き直すはずのものであるが、急病の細川忠利に向け急いで書き直したので冒頭の二刀論と二条の「大なる兵法論」と最終条の「万理一空」以外はあまり書き直す余裕はなかったのだと思われる。なお、この条や考え方は『五輪書』では採用されていない。しかし与右衛門が説明した、敵を呑んで我が下知に従わせる戦い方は「火之巻」の中心テーマとなっている。兵法至極を得た後も武蔵の朝鍛夕錬は続いていたのである。

前ページの写真は、先にもご紹介した円明流の勢法一本目における終末動作。使太刀（写真右）が打太刀（同左）に打ち込ませる事によってカウンターにとるが、もしただ突っ立っているだけだったら、心の余裕のある打太刀は、落ち着いて自分がなすべき動作を選択するだけの事だろう。戦いは長引くかもしれない。相手に向かう〝勢〟を感じさせてこそ、相手は焦って打ち込んできてくれるのだ。

〝構え〟は戦いの、すなわち実際にどう動くかの準備段階ではない。すでに戦いは始まっている。そう武蔵は説いているのだ。

④構えの流動性

『円明三十五ヶ条』（第32ヶ条）

三十二、有構《うこう》無構《むこう》と云うは、太刀を取りて身の中に置く所、何れも構えなれども、構える心あるに依り

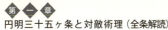

て、太刀居付き、身も居付く者なり。処により、事に随いて、何れに太刀はあるとも、構ゆると云う心なく、敵に相応の事なれば、上段の内にも三色有り、中段にも下段にも三つの心あり。左右腰までも同事なり。ここを以て見れば、構えは無き心なり。

上段の内にも三色あり、中段・下段には三色の代わりに「三つの心あり」となっているが、同じことで例えば上段も少し下げれば中段になるといったように、全ての構えの中に上・中・下段があるように構えは固定していないということである。すべては繋がっているのだ。

普通は敵を前に刀を抜いたら自分の得意な構えをとる。そこで相手の構えを見てさあどう斬ろうかと考える。そのように構えるとどうしても待つ心になるが、先に解説した第3ヶ条(18ページ参照)には「構える・受ける・止る時などに、切る事を忘れ、居付くを、手足死と云う」と記されているように、構えた時にはすでに身体は動きだし、斬る動作が始まっているのである。ただ構えただけでは「手足死」であるという武蔵の常識外れの発想は見事と言うほかはない。柳生宗矩は『兵法家伝書』のはじめに「卒《そつ》尓《じ》(軽卒)にしかけずして、手前をかまえて、敵にきられぬようにすべし。故に先ず構をはじめとする也」と書いている。柳生流の達人たちが武蔵に勝てなかったのは、この辺に原因があったのかもしれない。

『五輪書』は「水之巻」の「有構無構の教え」冒頭で「太刀を構ゆるという事あるべき事にはあらず…太刀は、敵の縁により、所により、景気に従い、何れの方に置きたりとも、その敵切よきように持つ心なり」と分かりやすく書かれている。『五輪書』は『円明三十五ヶ条』を理解するために読むことによって初めて有意義な書となる。

郵便はがき

料金受取人払郵便

代々木局承認

9036

差出有効期間
2020年2月
29日まで
(切手不要)

151-8790

277

(受取人)
東京都渋谷区笹塚1－30－11 4·5F
株式会社BABジャパン

「武蔵〝無敗〟の技法」関連DVD&BOOK
ご注文受付係

◎住所〒

都道
府県

◎氏名《フリガナ》

◎TEL／FAX

◎職業(　　　　) ◎年齢(　　歳) ◎性別(女 ・ 男)

◎メールアドレス

◆円明流の構え

下段円曲（下段）

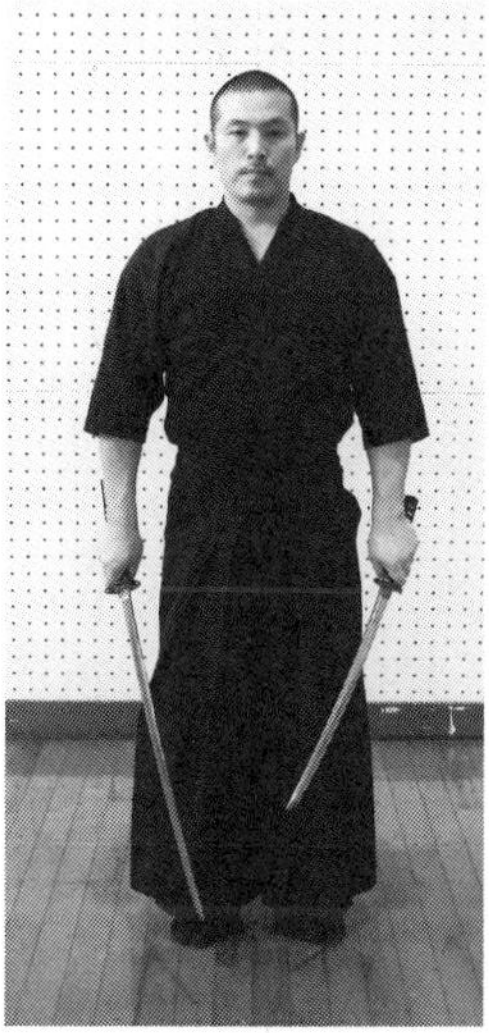

円曲（中段）

上段

左脇構え（逆車）

車

「有構無構《うこうむこう》」とは、〝構えあって構えなし〟である。敵に応じるのみ。自ら構える構えはない。

現代の感覚で言えば、「顔面を攻めてこられたら嫌だから顔前に手を挙げておこう」とか、「相手は下段蹴りが得意だから前足を浮かせておこう」などと備えたくなるところだ。ルール限定があったり、あらかじめ相手を研究しておいたりする要素がある競技の世界では、これは有効でもある。しかし、間違いなく、備えをはかった〝顔面〟〝前足〟以外の部分は手薄になっているのだ。事前情報や先入観、或は自分の得意さで構え（形）を決めてはならない。今、目前にしている敵にこそ、応じなければならないのだ。

武蔵の肖像画は〝無構え〟下段円曲（16ページ参照）が多い。というのは、この構は「無構え」とも言われ、「有構無構」＝構えあって構えなしという考え方を最もよく表現しているからだ。

3 いかに相手に立ち向かうか ～目付けと心構え

① 目の遣い方

『円明三十五ヶ条』（第5ヶ条）

五、目付けの事

目を付けると云う処、昔は色々あり。今伝える処の目付けは、大抵顔に付けるなり。目は常の目よりも細き様にして、うらやかに見る。目の玉を動かさず、敵近くとも、遠く見る目なり。両脇までも見ゆる目なり。観見二ツ、観《かん》強く見《けん》弱く見るべし。敵に知らすると云う目あり。意は目に付け、心は付けざる物なり。奥の目付け別なり。

人は、ピンポイントに物を注視しようとするとき、目を見開きがちになる。目を見開いている人がいたら、何か一ヶ所を注視していると考えていいだろう。別の言い方をすると、これは〝何か一ヶ所だけに気をとられている状態〟だ。

では、逆に、ここで武蔵が言っているように「すこし細き様にして、うらやかに見る」とどうだろうか？

「うらやかに」とは漢字で書くと「麗やかに」だ。「空が晴れて日が柔らかく照っている様」などの他、「心

にわだかまりがなく、おっとりとしている様」を意味する。武蔵が目をどのように遣っているか、だんだんわかってくる。

少し細めた目は、一ヶ所に焦点を合わせるには向かないが、〝全体に平等に焦点が合っている〟ような状態になる。カメラで言えば、絞りを絞ると被写界深度が広くなる（遠くにも近くにもピントが合う）のと似たような現象だ。ただし、武蔵はそんなにあからさまに〝目を細めよ〟と言っているのではないだろう。〝すこし細き様にして〟で十分。それだけで、意識の置かれ方が変化する。

例えば、あなたがサッカーのゴール・キーパーだとする。ペナルティー・キックで、キッカーが目の前で構えている。

あなたは何に注意を注ぐだろうか？　ボール？　確かに止めなければならないのはそれだけだから、そこだけに注意を注ぐべきという考え方もあるだろう。しかし「ボールのどの部分をどのような角度で蹴られた結果なのか」という情報も重要だ。それには、相手がボールを蹴るフォーム全体をとらえる必要がある。

ここで気をつけなければならないのが、〝予測〟をしてはならないという事だ。〝予測〟ははずれれば結局〝ヤマカン〟にすぎない。そうでなく、その全体像を〝その瞬間にそのまま〟とらえる事が重要なのだ。それには、〝ボール〟とか〝蹴り脚〟とかにいろいろちょこちょこと焦点の当てどころを移し変えていくような見方ではいけない。目を見開くような〝凝視、注視〟ではなく〝すこし細き様にして、うらやかに〟な見方だ。

キッカーとして構えている選手でない選手が走り寄って蹴ってくる場合もある。すると、キッカーだけでなく、周囲全体をとらえている必要がある「敵近くとも、遠く見る目なり。」と武蔵が言っているように、近くにキッカーがいても、もっと遠くまでを見やるような目が必要だ。

プロ選手のゴール・キーパーは〝集中〟を心がける。しかしこの〝集中〟はピンポイントに意識に注ぐ〝集中〟ではない。全体を同時にとらえ、そこで何が起きても対応できる〝集中〟の仕方なのだ。この〝集中〟の仕方を、武蔵はここで「目の遣い方」としてより具体的に説いているのだ。

「左右両脇までも見ゆるなり」と武蔵は記している。これは戦いにおいては非常に大切な事だ。左右から別の敵が来る、などというケースはもちろんだが、それだけではない。

次ページの写真は、もう一度、円明流勢法の一本目の終末動作。〝受けさばきつつ、打つ〟ところだ。これは、実際にやってみるとわかる。何よりも大事なのは、〝相手全体を観る事〟なのだ。何しろ、攻撃と防御がほとんど同時。相手が振り下してくる刀と、自分が攻撃しようとしている相手の足を、同時にとらえていなければならない。剣が当たるような至近距離では、これはなかなか至難の業だ。それでなくと

◆円明流　一本目（終末動作・別角度）

1

使太刀（写真右）：先に進み、間を越さんとする。
打太刀（同左）：使太刀の頭を打っていく。

2

使太刀：中刀をもって相架け止め、太刀をもって打太刀の内股または足を打つ。

も怖い相手の剣。どうしてもそれ自体の動向を注視してしまいがちになる。でも実は、その動向を握っているのは、その剣自体ではなく、それを使っている人間なのだ。その人間全体がとらえられれば、剣の動向はとらえられる。しかし、剣自体の動向だけにとらえられているうちは、〝避けよう〟とした所で避けられるものではない。

ここまでで、すでに円明流勢法一本目を3度例示した。実際に見ているとあっという間に終わってしまう動作だが、実際にはその中に、これほどに細密で深遠な要項が詰まっているのだ。

武蔵はもう一つ、別の目の遣い方をここに記している。それは「敵に知らすると云う目」だ。これは、あえて視線をもって〝行くぞ！〟という気配を伝え、相手を動かすという使い方だ。いわば〝誘い〟である。もっとも、これは「フェイント」というよりは、剣術上はもう少し高度なテクニックになってくる。試しに、目だけで何とかして相手を動かしてみていただきたい。なかなかできるものではないと思う。しかし、命の取り合いに相当するほどのシビアな戦いにおいてはこれが成立し、かつ有効な手段ともなったのだ。この〝誘い〟については、別項で改めて触れてみたい。

もちろん、「そっぽを向いて、相手が〝？〟となった瞬間に打ち込む」などというフェイントも、高度で効果的な技術だ。武蔵は実はけっこうこの作戦を多用したようだ。これも武蔵が最強であった一つの理由だろうと思う。

人間はそれほど〝これから自分が攻撃しようとする所を見つめてしまう生き物〟なのだ。いや、これは人間に限らない話かもしれない。

「意は目に付け、心は物に付けざるなり」すなわち、表面的な心（意）を目に顕しつつも、その真意（心）

は目に顕さない。真意を目から悟られてしまうようでは、駄目だ。すなわち〝見る〟という行為においては「自分が視覚情報を得る」事だけを考えているようでは駄目で、「自分が相手にどういう視覚情報を与えているか」をも顧みる事が大事なのだ。実はここまでをも含めてが、「観の目」なのだ。

人はなかなか、ここまで意識が及ばない。独りよがりに、ひとところに固執してしまいがちになる。そこから脱却できた時、武術でも、格闘技でも、スポーツでも、一つ違った次元に上がれる事だろう。ここに書かれているのは、それほどの〝極意〟なのだ。

なお春風館関東支部では、打太刀が頭（一本目）、右拳（二本目）、左拳（五本目）のどれかを自由に打っていく「自由稽古」という練習方法を採用している。仕太刀は形通りに受けるが打太刀がどこを打ってくるのか分からないので予測すると打たれてしまい、「観の目」の稽古になる。

「観の目」は武蔵の言葉の中で一番よく知られているものの一つとなっている。『兵道鏡』にはなく『円明三十五ヶ条』が初出であり『五輪書』にも引き継がれる。「観の目」というと心で見ることと言われることも多いが、武蔵はそういう言い方はしていない。「敵合近く共遠く見る目なり。左右両脇までも身ゆる也」とあくまでも具体的である。「心に見るを観」と言ったのは柳生宗矩である。『兵法家伝書』は『円明三十五ヶ条』とほとんど同じところに書かれている。

『五輪書』で戦い方を論じた「火之巻」の第一条「場の次第という事」では「敵に場を見せず」という言い方もしている。戦いで一番最初に重要な事は敵の見方を支配する事だと武蔵は言っているのだ。

②心の置き所

『円明三十五ヶ条』（第7ヶ条）

七、心はめらず、かからず、たくまず、おそれず、直《すぐ》に広くして、意の心軽ろく、心の心重く、心を水にして、折にふれ、事に応ずる心なり。水にへきたんの色あり、一滴も有り、惣海もあり。

心をテーマにする事は、『円明三十五ヶ条』の原初たる『兵道鏡』では第1ヶ条に配されていた。言ってみれば、すべての前提ともなる〝心〟の問題は確かに最初に持って来たくなる。しかし、心の問題は、『円明三十五ヶ条』『兵法三十五箇条』ともに「太刀取様の事」「身のかかりの事」といった、具体的な身体の問題を先に配して、その後に構成変更されている。

おそらく武蔵は、前項の「目付」同様、〝心〟の問題を観念論として片付けず、具体的な身体論の一環として扱いたかったのではないだろうか。その事は本条が太刀の持ち方や足使いや目付の後に置かれている事にも顕われているように思う。

ここに見られる〝意〟と〝心〟の対比的な区別は「目付の事」でも出て来ていた。

「目付けの事」で〝敵に知らすると云う目〟として「意は目に付け、心は付けざる物なり」と表現されている〝意〟は表面的な意図の事であり、〝心〟は真意の事だ。本条では「意のこころ軽ろく、心の心重く〜」と表現しているのは、〝意〟に支配されているような心の状態を断じているのだ。

「めらず」「かからず」「たくまず」「おそれず」「直に広くして」と、できる限り具体的に心を説こうとする努力が見てとれる。「めらず」は〝減らず〟すなわち縮こまる方向を否定し、「かからず」はその逆、懸からずで、「たくまず」は〝巧まず〟で意図しない事、そして「おそれず」「直に広くして」と言われれば、心の在るべき姿も具体的に見えてくる。〝そのまま〟で遥々とした状態だ。普段ならともかく、戦いに臨んだ時にこんな心の状態であるのは現実的には至難の業だろう。しかし実は、何もせず〝そのまま〟でいいだけの事でもあるのだ。４つの否定形の言葉を並べた表現からは、〝そんな必要はないのだ〟というニュアンスを感じる。萎縮する必要はない、余計な事をたくらむ必要などないのだ、と。

この条が水の初出である。心を水にすることは物事に捉われないで、「折にふれ、事に応じる心」になることである。

『兵道鏡』第1ヶ条は「心持ち」で「ゆるゆると外す」とか「いかほどもゆるゆるとしたる心で」という表現が使われている。『兵道鏡』の「ゆるゆるとしたる心」が『円明三十五ヶ条』では「心を水にして折にふれ、事に応じる心」となったのである。「事に応じて」は新陰流の創始者・上泉信綱の一番重要な文献「影目録」の「敵に随って勝つ」と同じ術理である。養父、無二の目録にも「敵の転変に随って」とある。新陰流と円明流は術理の上で似通っている場合が多い。

③"読み合う"心理戦

『円明三十五ヶ条』（第9ヶ条）

九、糸兼《いとかね》と云う事、予は取らず。然し吾が流、人になり切りて敵の心見る教え、これなり。糸金は常々の儀と云う。

本条は、例外的に武蔵の言葉ではない。『円明三十五ヶ条』の内容を柳生新陰流の考え方で説明しようとする際に、この部分の「糸兼で相手の心をはかる」、という考え方については、柳生新陰流とは違っているからと採用しなかった。つまり、これは柳生新陰流の者の言になっている。

この条項については、『兵法三十五箇条』には武蔵の言葉が残されている。しかし後の『五輪書』では結局、武蔵自身の意志によって削除されるのだが、参考までに、記しておきたい。

〔参考〕『兵法三十五箇条』（第10ヶ条）

一、いとかねと云事

常に糸かねを心に持べし。相手の心に、いとを付て見れば、強き処、弱き処、直き所、ゆがむ所、はる所、たるむ所、我心をかねにして、すぐにして、いとを引当て見れば、人の心よくしる、物なり。其かねにて、円きにも、角なるにも、長きをも、短きをも、ゆがみたるをも、直なるをもよく知るべきなり。工夫すべし。

かねは「矩」で、定規である。ここで意味するのは、武蔵の言うそれで相手をはかる事、それを柳生新陰流ではしない、という事だったのだろう。武蔵としてもそこには同意できる所があり、だから『五輪書』では削除される事になったのかもしれない。ここでは、先にあげた、柳生新陰流側の言葉を解釈しておこう。

相手の身になって考えるという普通の考え方で十分、としているのがここの言葉「人になりきって敵の心を見る教え」だ。これこそがいざという時、究極の戦いの場では必要なものなのだ。

自分の定規で相手をはかろうとすれば、所詮それは独りよがりのものになる。

例えば、初打席に空振り2つで2ストライクに追い込まれたバッターが3球目に臨む時、「次は1球はずしてくるに違いない」と読む。セオリーではあるが、果たして、これが常に当たるものだろうか。

ピッチャーの立場に立って考えてみる。すると別な事が見えてくる。いきなり2球の速球に、自分はまったくついていけず、振り遅れのひどい空振りを2つ続けてしまった。そんなバッターに対して、自分ならどうするだろうか。ここで遊ぶ必要などない。むしろ速球に目がなれる前に決めてしまおう、と考えるのではないか。

セオリーを当てはめようとする事は、独りよがりなバクチ打ちにすぎなかった事がわかる。自分の定規で相手をはかってはならない。相手自身になってしまって、状況情報を感得するのだ。

次ページの写真は円明流勢法の二本目。

二刀は右手に大刀、左手にやや短い中刀を持つが、使い方としては左手の中刀で受け捌いて、右手の大刀で決める、というのが基本となる。しかしここでは、大刀を受けに用い、中刀をもって決めている。円明流勢法十一本のうち、長い大刀を決めに用いないのはこの一本のみなのだが、相手は「セオリー通り右手の長い大刀で決めにくるだろう」と思い込んでいると面食らう事になる。

武蔵はセオリーから外れたものほど強力な武器になるとも考えていた。セオリー（常識）から外れるにはセオリーをよく知っていなければならない。武蔵は普段は常識人だったに違いない。またそれだからこそセオリーに反した作戦ができたのである。この点にもご

◆円明流　二本目

1

打太刀（写真右）：雷刀（上段）
使太刀（同左）：左手中刀を上段にして、切先は打太刀の左目を指し、刃を斜めにして身を防ぐ。太刀は撥草勢にたち、左脇を先にする。

2

相懸かりに進む。

3

打太刀：逆に深く左拳を打つ。

4

使太刀：大刀をもって相架け止め、

5

使太刀：中刀をもって突く。

注目いただきたい。

④ 情報収集のし方

『円明三十五ヶ条』（第23ヶ条）
二十三、景気を知ると云うは、その場の景気、その敵の景気に浮沈・浅深・強弱の景気、よく見知るべき者なり。糸かねと云うは、常々の儀、景気は即座の事なり。時の景気に見受けては、前向きても後向きても勝つなり。

景気とは、ここではその敵の態様であり、あらゆる情報を指す。

前項で解説した第9ヶ条と繋がった内容になっている。

前項の野球の例で、それでは「振り遅れのひどい空振りを2つやったバッターへの3球目は遊ばない」がベストなのか、とこれをセオリー化しようとしては、もちろんならない。実際にはもっともっと沢山の情報、条件を鑑みなければならない。あらかじめ定規を用意しておくのでも、定規をいろいろな所へあてがっていくのでも、数多の情報を足し算しながら分析を広げていくのでもない。〝その場で、相手の立場に立ってしまう〟のだ。これが戦いの場における正解だ。

糸かね、すなわち自分の定規をもって何かをはかるのは常日頃に行なう事であり、戦いの場においてなすべき事でないと断じている。本条は武蔵の言葉だが、前項（第9ヶ条）の柳生新陰流側の言葉とも、ニュアンスは遠くない。

スポーツや格闘技で「相手の事前研究はしない」という選手がいるが、ある意味武蔵的だと言えるだろう。決してナメている訳ではない。戦いのその場その瞬間にすべてを傍受しようという姿勢であり、事前研究の結果にとらわれる事を嫌っているのだ。

本条は『五輪書』においては、「けいきを知るといふ事」という条に継承されているように見えるが、そう機械的に解釈すると、大事な事を見誤る。

〔参考〕『五輪書』「火之巻」（第5ヶ条）

一、けいきを知るといふ事

景気《けいき》を見るといふは、大分《だいぶん》の兵法にしては、敵のさかへおとろへを知り、相手の人数《にんず》の心を知り、其場の位《くらい》を受け、敵のけいきをよく見うけ、我《わが》人数何としかけ、此兵法の理にて慥《たしか》に勝つといふ所をのみこみて、先《せん》の位をしつてたゝかふ所なり。又一分《いちぶん》の兵法も、敵のながれをわきまへ、相手の人柄《ひとがら》を身うけ、人のつよきよわき所を見つけ、敵の気色《けしき》にちがう事をしかけ、敵のめりかりを知り、其間《ま》の拍子《ひょうし》をよくしりて、先《せん》をしかくる事肝要《かんよう》なり。物毎《ものごと》の景気といふ事は、我《わが》智力つよければ、必ずみゆる所なり。兵法自由の身になりては、敵の心をよく計《はか》りて勝つ道多かるべき事なり。工夫有るべし。

『円明三十五ヶ条』における「景気」と「糸かね」の対比が一分の兵法と大分の兵法の対比に置き換わったように思ってしまいそうだが、そうではない。

『五輪書』では〝景気〟の要素をスケールの大（大分の兵法）小（一分の兵法）に分けて、具体的に挙げて行っている。実はここからは「糸かね」の要素が欠落している。同様に、前項で解説した『円明三十五ヶ条』第9ヶ条（糸兼と云う事〜）に相当する条が『五輪書』ではなくなっている（4〜5ページ参照）。

もれをなくそうと、ていねいにリストアップ要項を足して行く意向は理解できるが、自分の定規で計り足していく情報か、戦いのその場で瞬間的に得る情報なのかの対比が欠落してしまうのはいただけない。

『五輪書』の条文を読んだら、ああ、あれも大事なんだ…これも大事なんだ…という読み方をしてしまうと思う。そして、大スケール（大分の兵法）の要項では〝事前調査〟も含んでいそうにちょっと思えるが、「三十五か条」は『五輪書』と大きく異なり、戦いはすべてその場、その瞬間に得られる情報からなっている。

『五輪書』になって、見えにくくなっているような気がして仕方がないのは、まさにこういう所である。

⑤敵の評価

『円明三十五ヶ条』（第24ヶ条）

二十四、敵になると云う事、吾が身、敵にして思うべし。或は一人取籠るか、敵の心の難儀思いとるべし。敵の心の迷うをば知らず、弱きをも強きと思い、道不達者も達者に見なし、小敵も大敵と見ゆる、敵は理なきに利を取付る事あり。敵になりてよく分別すべきなり。

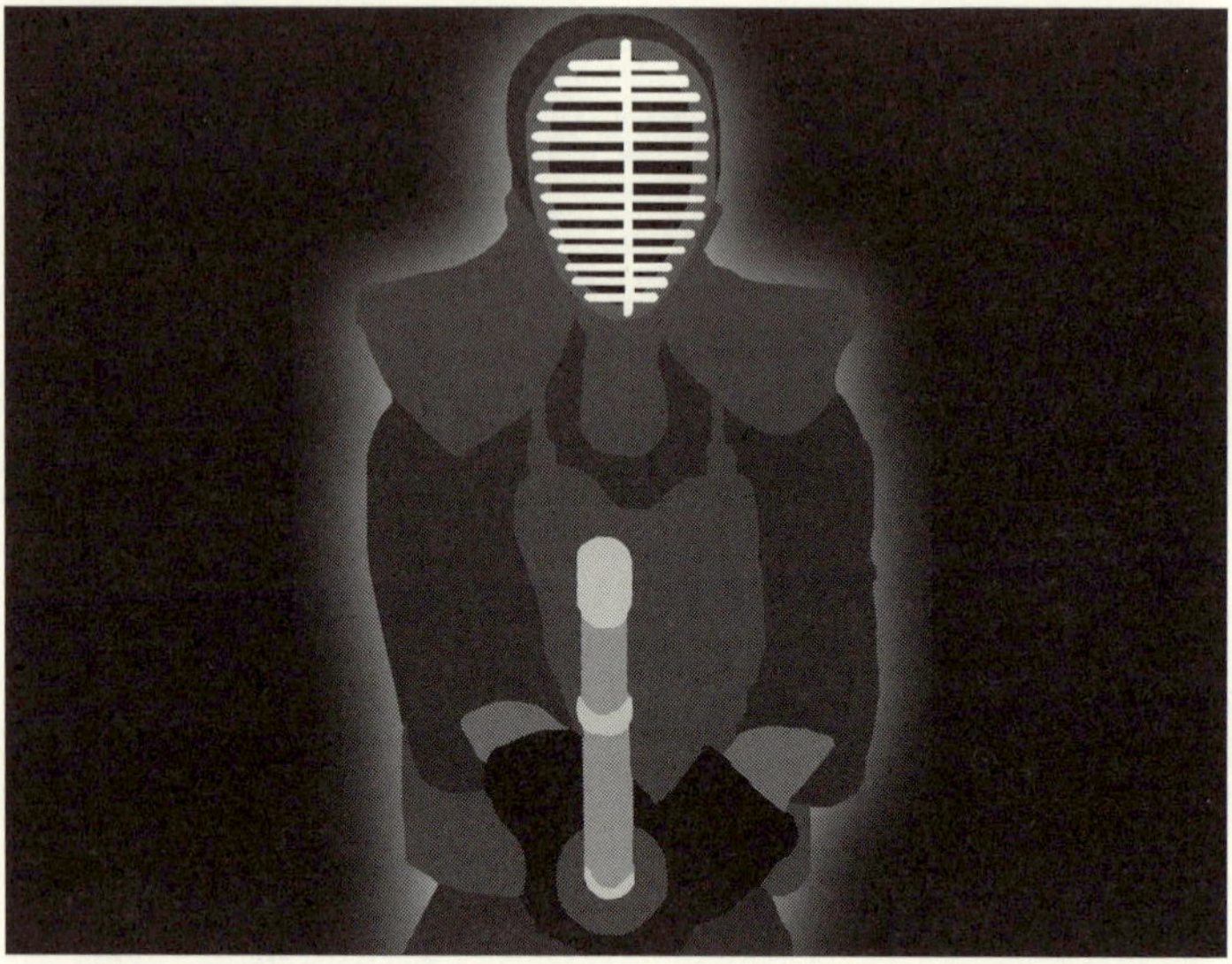

これは普段の戦いで誰もが経験することである。試合で敵を前にすると、敵を自分より強いと思い、相手の表面に現れた勢いに呑まれてしまいがちになる。その場合、敵も同じような気持ちになっているのだということを思い出せば平常心を取り戻す事ができるということである。

これは今では、とくに試合のある世界においては、相手を過大評価する事はむしろよしとされる事が多いのではないかと思う。その意味では意外な言葉なのではないだろうか。油断を防ぐ意味では意義があるのだろうが、実はここに落とし穴がある事に武蔵は気付いていた。

相手を正確に見切れていなければ、不要に勝負を落とす可能性はいくらでも隠れているのだ。〝力比べ〟のような単純な競い合いならば、常に全力を出すだけで問題ないだろうが、戦いというものはそんなに単純なものではない。

見失っていると、思わぬ所、理もない所に勝負を落とす事になる。

相手の〝弱さ〟をも知る事が、本当に相手を知る事になるのだ。

先述のごとく、今日あまり聞かれない種類の方向性だけに、高度な洞察力を求めるこの武蔵の言葉は現代人にとって貴重な教えなのではないかと思う。

⑥二層構造の心の操法

『円明三十五ヶ条』（第25ヶ条）

二十五、残心・放心は、事により時に随う者なり。吾れ太刀を取りて、常は、意の心を放ち、心の心を残す者なり。また敵を慥《たしか》に打つ時は、心の心を放ち、意の心を残す。残心・放心の見立、色々有り。

ここでは心を内なる「心の心」とその外側に位置する「意の心」に分ける。同じような考えを柳生宗矩は「内にかまえて思いつめたる心」である「志」と、外に発する心を「気」という。

意は常時に外に発される、悟られてよい心～というよりは、むしろ悟らせる事によって相手をコントロールする心である。底には心を残しているので、どんな場合にも対応できる。

それが、ここだと思う慥かな打ちの時は〝意〟と〝心〟を逆転させるというところが興味深い。本気でない打ちも時には必要である。相手はこんな打ちしかできないのかと侮《あなど》るだろう。

〝ここだと思う慥な打ち〟とは、本気である。本気の打ちをはずされれば身を崩す。よって本気の意志を悟られれば、致命的な隙を相手に披露してしまう事になる。

どうだろう。もしあなたがボクシングをやっているなら、相手を打つ時、あわよくば一発KO、とばかりに本気のパンチを連発してしまってはいないだろうか？　剣道で打ちに行く時、「一本になればラッキー」とばかりに本気の打ちを乱発してしまってはいないだろうか。そんな戦い方が身に付いてしまっているならば、それは一発一発にいちいち隙を作ってしまっているか、威力のない攻撃の繰り返しが身に付いてしまっているかのどちらかである。〝慥《たしか》に打つ時〟、それは特別な時なのだ。

⑦敵と自分の関係性

『円明三十五ヶ条』（第31ヶ条）

三十一、将卒と兵法の理を身に受けては、敵を卒にみなし、我が身を将に成して、敵に少しも自由をさせず、太刀を振らせんも、すくませんも、我が心の下知《げち》に付けて、敵の心にタクミをさせぬ様にあるべし。

自分を大将、敵を自分の思う様に動かすことの出来る兵卒とみなして敵を引き回すというこの条は、恐らく吉岡一門との決闘で身に付けたやり方であると思われる。

三度目の一条下り松の決闘は一対一ではなく大勢の吉岡一門との間で行なわれた。吉岡一門は面子《めんつ》を立てて武蔵に試合を申し込んだが、大勢を相手に武蔵が一人で来るとは思っておらず、恐らく武蔵は逃げると思っていただろう。しかし武蔵は一人で戦う事を選んだ。敵の大将は亦七郎（清十郎の子）であり、少年である。その助太刀は表向き2、3人であとは立合い人を装った烏合の衆であると推測した。大将一人を殺して自分の勝利を保証し、後は動揺して打ちかかる周りの4、5人を倒し、比叡山の麓に広がる薮の中に逃げる事に徹すればよいと判断したに違いない。

『五輪書』水之巻「多敵のくらいの事」に、「敵をひとえ（一重）にうをつなぎ（魚繋ぎ）におひなす心にしかけて…」という表現がある。おそらく武蔵はこれをやったと思われる。

人間は逃げる時は〝蜂の子を散らしたように〟バラバラの方向に逃げる。〝魚繋ぎ〟になどなる訳がない。多勢が武蔵を追いかけるから〝魚繋ぎ〟になるのである。そして武蔵は逃げる方向を見定めて、新たな敵に襲いかかるのである。武蔵に斬られる事を免れた敵は武蔵の後から追いかける。かくして〝魚繋ぎに追いなす〟図式ができあがる。追いかけながら逃げた、と言える。

周りから懸かってくる敵を、自分が追いかける〝魚繋ぎ〟の敵にしてしまった武蔵は、吉岡一門を大将の自分が率いる兵卒にしてしまっていた。大勢の敵を一人で追い回すという常識破りのやり方は戦いの天才武蔵にしかできない発想の転換である。

なお「魚繋ぎ」という表現は『兵道鏡』の「多敵の位」にはなく、『円明三十五ヶ条』『兵法三十五箇条』には「多敵の位」自体がない。武蔵はいつこの表現を思いついたのだろう。『五輪書』だけを読んだのではこうした興味は浮かんでこない。

4 ファースト・コンタクト

① 間合いの考え方

『円明三十五ヶ条』（第6ヶ条）

六、間積の内、人を打たんとすれば、我が身を忘れる者なり。他には色々あれども、兵法に居く付く心あるによって、今伝える処、心あるべからず。

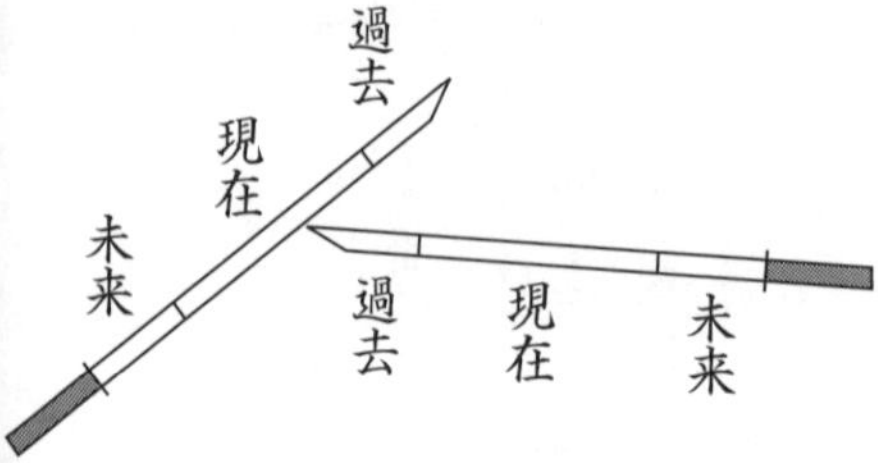

敵との間を固定的にとらえると居付いてしまい、打たんとする我が身を忘れ打たれる間に入ってしまう。『兵道鏡』では第4ヶ条「太刀合いを積るの事」で敵との間を、太刀の長さの幅を過去・現在・未来と分けて「過去（切先五寸）にて先をかけ、我が太刀の切先、敵の現在（物打＝ここでは太刀の真ん中）へ懸からば、はや打つべし」と論じていた。「過去・現在・未来」は養父・無二の「当理流」の考え方であった。『円明三十五ヶ条』ではこの距離を測る考え方は捨てる。斬る間合いをそのように固定的に考えると間合いに捉われて居付いてしまう。そこで「今伝える処」つまり「円明三十五ヶ条」では「人を打たんとすれば、我が身を忘れる」と、敵を斬る間合いは敵に斬られる間合いであることに注意を向けるだけにしている。

多くの流派は間合いを重視する。間合いは斬り合いの距離だけでなく、自分が斬りやすく敵からは斬られない間合いをいかに取るかに腐心することになる。

この間積りは時代によって表現が変わっている。打つことに集中すると自分の身のことを忘れてしまうという説明だけでは不十分と考えたのか、『兵法三十五箇条』では「大形は我が太刀、人にあたる程の時は、人の太刀も我にあたらんと思うべし」と客観的な表現が加わっている。

『兵法三十五箇条』は元となった『円明三十五ヶ条』と内容はほとんど同じであるが、間合いのように大きく変わっている条もあり、『円明三十五ヶ条』から十年程経って、明らかに違うと考えた条だけ手を加えたのであろう。二書の違いは興味深い。

『五輪書』では「間積り」の条自体が外されている。打ち合いの際に間合いをあれこれと考えることは居付くことになるので間合いを考えることを否定している。これも武蔵の考え方の大きな変化である。

やはり武蔵の書は『兵道鏡』、『円明三十五ヶ条』、『兵法三十五箇条』、『五輪書』の流れの中で考察しなければならない。

次ページの写真は円明流の勢法九本目。これは円明流十一本の型のうち、唯一使太刀が下段円曲（無構え）にとるものだ。

この勢法の第一動で求められるのは〝見切り〟である。上から頭を打ちに来る相手の太刀を紙一重に引いてかわす。我が身を忘れるほど相手を打たんという気勢であれば、これはかなわない。その点ここでの無構えは〝我が身を忘れるほど相手を打たんという気勢〟を抑えるには良い作用があるだろう。

手を高めに上げておかないと上からの打ち込みには不安があるかもしれないが、〝見切り〟に関してだけ

◆円明流　九本目

注意点：稽古では袋竹刀を使用する。

1

打太刀（写真右）：雷刀
使太刀（同左）：両刀を前に垂れ、下段円曲となる。

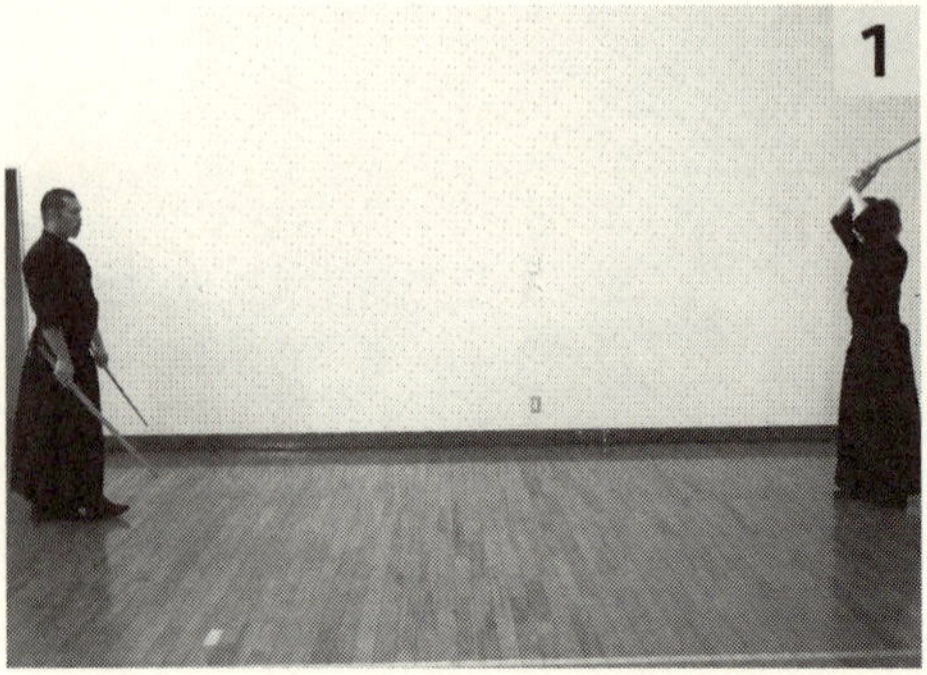

2

相懸かりに進む。

3

打太刀：深く頭を打つ。
使太刀：少し頭身を却けて、打太刀の打ちを外す。

4

打太刀：雷刀に振りかぶる。

5

打太刀：頭を打っていく。
使太刀：中刀で相架け止め、

6

使太刀：太刀で小手を斬り上げる。

注意点：足の踏み替えの足運びを覚えたら二動作を同時に行なう。

言えば、手で何とかする保険をかけておくような発想自体が間違っている。そのような気構えでは、いつまでたっても紙一重に見切る事などかなわないだろう。そういった意味合いで、この勢法は非常によくできている。

②3種類の〝先〟の取り方

『円明三十五ヶ条』(12ヶ条)

十二、三つの先と云う事。吾れ懸かる一つ、敵懸かる二つ、相懸かる三つ。

吾れ懸かる時の先は、身は懸かる身にして足と心を中に残し、たるまず、張らず、敵の心を動かす。これ懸かりの先なり。敵懸かり来る時の先は、我が身に心無くして、程近き時、心をはなし、敵の動きに随い、其まま先になるべし。又相懸かりの時、我が身を強くして、太刀にて成りとも、身にて成りとも、足にて成りとも、心にて成りとも、先になるべし。先を取る事、肝要なり。

自分から懸かって行こうとする時は、身は懸かる素振りをみせるが、遮二無二に懸かっていこうとせず待つ心を持ち、つまり身体で攻めるが足は打つ足にはならず、攻めをみせることで敵の心を動かすことが肝要である。要するに〝自分から懸かって行く〟とはしながらも、先手必勝とばかりに我先にと突っかかっていく方法論は武蔵の中にはないという事だ。

敵が先に懸かって来る場合、自分はどう対応しようなどという意を身体に通わせず、なにも考えないでいて、敵が間を越えて打ってくる敵の動きに従う。その結果が〝先〟となる。同じような動作をやり合うのならば、先に懸かって行く方が早いと考えがちだ。スピード競争ならば、先に懸かって行くにこしたことはないが、〝先〟を取るのに必要なのはスピードの早さ、タイミングの早さではない事を武蔵は明確に説いている。

お互いに懸かろうとする場合、とにかく自分が先になる気持ちで懸かる。

次ページの写真は円明流の勢法三本目。

互いに懸かって行く「相懸かり」であるが、間境すなわち太刀が届く間合いに来た瞬間、相手は切先を下げてこちらの打ちを誘ってくる。この瞬間をとらえて左手の中刀で切先を左斜め下に抑え、同時に大刀で打ち込む。先に動いたのは相手であるが、この誘いに乗ってあわてて追いかければ相手の思う壺。カウンターを食らう事になるが、ここでの相手の心、大刀が打ちにくる勢でない事をとらえた上、先をとってその切先を抑えつつ打ち込むのだ。

「相懸かり」の折にはわずかな加減でどちらが先を取れるかが決まる。太刀、身、足、心、すべてにおいて先を取る事が大事であると武蔵は説いている。

『円明三十五ヶ条』では、「吾れ懸かる」「敵懸かる」「相懸かる」の3つに分け、それぞれ「身と心と太刀」の問題としている。やがてこれが極意「空」と関連していくことになる。

「吾れ懸かる」も「敵懸かる」も、どちらも相手を動かす所に極意がある。しかし「相懸かる」においては、いわば拮抗関係にあり、お互いに自身の攻撃動作に気を奪われがちな瞬間でもある。心が急いてつっかけても、太刀や足の動きが遅れても、結果は芳しくない。いわば実戦で最も起こりやすいこの「相懸か

◆円明流　三本目

1

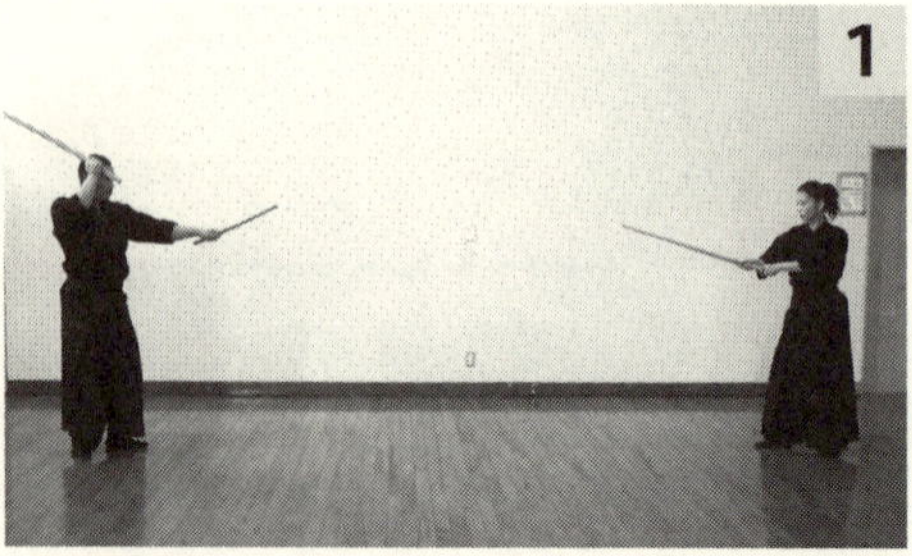

打太刀（写真右）：中段

使太刀（同左）：左手中刀の切先を打太刀の左目に指し、刃を斜めにして身を防ぐ。太刀は撥草勢にたち、左脇を先にする。

2

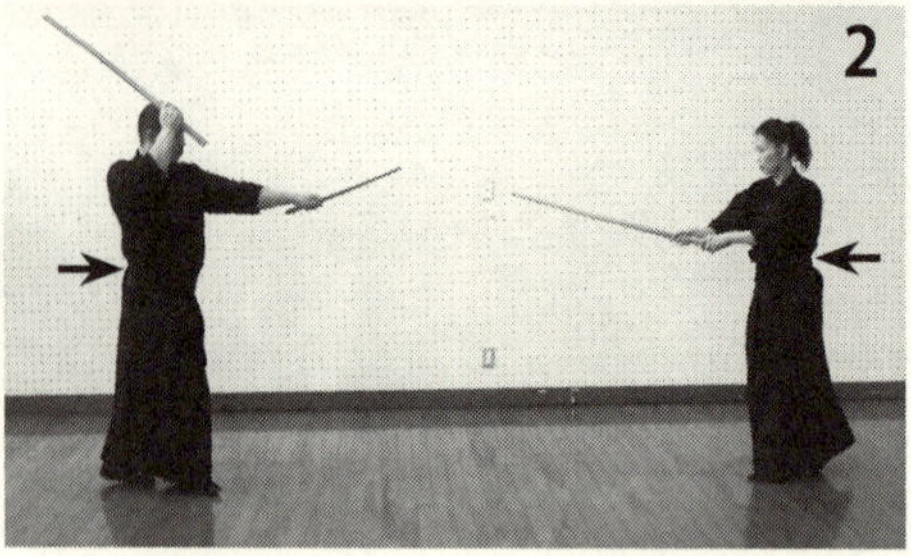

相懸かりに進む。

3

打太刀：間境にて中段の切先をわずかに下げて打ちを誘う。

4

使太刀：太刀先が下がらんとする刹那、中刀で切先を手ではなく腰で左斜め下に抑え、同時に大刀で左側頭あるいは肩を打つ。

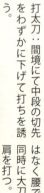

り」にて太刀、身、足、心、と総合的に先を取っている事を要求するこの心得こそ、武蔵が一番伝えたかった事なのではないかと思う。

③越すべきライン

『円明三十五ヶ条』（13ヶ条）
十三、戸を越すと云う事。互いに当る程の時、我が太刀を打懸けて、戸の内越されんと思わば身も足も連れて、身際へ付くべきなり。戸を越して、気遣い無き者なり。

戸は瀬戸（地名ではなく狭い海峡の意）の戸であり、瀬戸は海の難所である。剣の立合いでいえば、戦いのぎりぎりの間、地獄境とも言う。太刀と身とどちらでその境を越すかということでなく、太刀も身も同時に越せということであろう。戸を越せばどうなるか。「気遣い無き者なり」とあるが、勇気を出して越えれば「後は極楽」という意味なのか。そこで『五輪書』をみると「敵に弱身をつけ、我が身も先になりて、おおかたはや勝つところなり」とあり、勇気を出して地獄境を越せば、敵に弱みが生じ、我が身が先になって大体勝つことができるという意味だと分かる。

しかし『五輪書』には剣の術理以外に熊本にきて追加した、兵法は合戦にも治世にも応用できるという「大なる兵法論」がある。それが「火之巻」では人生にも適用されている。「戸を越す」では「人間の世を渡るにも、一代の内には、とをこすという所多かるべし」と人生の難所も越せば後が開けると人生論ともなっている。それはそれで興味深いが、時々観念的になってしまうところがある。たとえば「火之巻」の序文で、我が兵法は一人で十人に勝つので千人で万人に勝つという言い方があり、この点が『五輪書』の人気のある所でもあり、各自が自分勝手な解釈を加えやすく、武蔵を誤解する大きな要因となっている。武蔵一人で十人は倒すことができるが、武蔵を千人集めることはできないのだから千人で万人に勝つことはできない。また一人で十人を倒す剣の術理が政治で千人を治める論理とはならない。

その点、この『円明三十五ヶ条』における「戸を越すと云う事」は、敵と自分との間の間合いの話に特化している。

短い条なだけに逆に解釈が難しい面もあるが、「身も足も連れて、身際へ付くべきなり」は、後述する「シウコウ（愁猴：手の短い猿の意）の身」（72ページ参照）の操法に繋がっているような気もする。

④初撃に対してなすべき事

『円明三十五ヶ条』（16ヶ条）

十六、剣を踏むと云う事。切先を足にて踏まゆると云う心なり。敵の打懸かる太刀の落付く所を、我が左の足にて踏まゆる心なり。踏まゆるとき、太刀にても、身にても、心にても、先を懸ければ、如何様にも勝つ位なり。この心なければ、とたんとなりて、悪しき事なり。足はくつろぐる事もあり。剣を踏む事、度々には非ず。

私は以前『五輪書』を読んだとき、「敵の打ち出す太刀は、足にてふみ付ける心にして」とあったのを、敵が打ってくる太刀を踏み付けることと理解し、それほどの気迫と技は武蔵独特のものであり、常人には不可能であると考えていた。しかし『円明三十五ヶ条』では「敵の打懸かる太刀の落付く所を、我が左の足にて踏まゆる心なり」とあることに気が付いた。打ち懸かる所を踏むのではなく、打ち懸った太刀の振り終わった所を「太刀にても、身にても、心にても」覆いかぶさるように先を懸けて踏むのであれば不可能ではない。なお、「この心なければ、とたん〳〵となりて」の〝とたん〟とは、ばたばたと拍子の合わない様を指す。

要するにこれは、二の太刀を封じる操作を指している。これがかなえば、すでに相手を崩せている。これがかなえばすなわち〝いかようにも勝つ位〟なのだ。振り終わった相手の太刀を踏みつける、となると、実際にやってみるとわかるが、かなりの近接間合いである。ファースト・コンタクトでここを目指すとなると、ほとんど体当たりに近いニュアンスでもあるだろう。近接戦は武蔵の戦い方の基本にあるようだ。

これは何も、足で踏みつける操作だけを指している訳ではない。

次ページの写真は円明流勢法七本目。

相手の上段に対し、両刀を胸前で交差させる「円曲」の構えで相懸かりに進む。自分の両刀の交差したあたりを相手が打ち込んで来るが、両刀を開いてかわし、すぐさま両刀を深く交差させて振り下ろした太刀を抑え込む（写真④）。次の瞬間、相手の太刀を左足で踏み付けるような心持ちで足腰の力で左下に抑え込む（写真⑤）。これがまさに本条の〝敵の打ち懸かる太刀の落ち着く所を我が左の足にて踏〟む瞬間だ。

振り下ろした太刀は、次には振り上げようとするのが人の性だが、それを上から抑え付けられたら、そ

◆円明流　七本目

1

打太刀（写真左）：雷刀
使太刀（同右）：円曲の構え（中段）

2

相懸かりに進む。

3

打太刀：円曲の交上を打つ
使太刀：わずかに両刀を左右に開き避け、

4 使太刀：両刀を深く交えて深く入り、打太刀の太刀を相架け止める。

5 使太刀：左足を小さく踏み込み、足腰の力で中刀で太刀を左斜め下に払い、

6 使太刀：同時に足を踏み替えて太刀で左側頭を打つ。

のされるままに任せておける人間はほぼいない。咄嗟に力ずくで動かそうとしてしまう。居付きが生じる瞬間だ。身体的にも居付くし、意識も自身の刀の進退にとらわれる。ここに、こちらにとっての最大のチャンスが訪れる。しかし、得てして相手の攻撃をかわせた後には、次撃をくらわないよう、間をとろうとしがちになる。ましてや真剣同士の戦いならばなおさらそうなるだろう。そこへ、〝相手の刀を踏み付ける〟ほどの勢で詰めていく事こそが戦いにおける極意なのだ。

例えば、相手のパンチをかわす。どうかわすか？　距離をとりまくって逃げ続けるのでなく、相手のそのパンチの手をとらえるほどに踏み込んでこそ勝機がある。

これはさまざまな分野に応用のきく話だろうと思う。

5 刀・身体の扱い方

① 刀の振り方

『円明三十五ヶ条』（第10ヶ条）

十、太刀道の事。常に太刀道を弁《わきま》えて、重き太刀のように太刀を静かにして敵によく当る様に。

この条文に関しては、『円明三十五ヶ条』→『兵法三十五箇条』→『五輪書』と時代が下るにつれて説明が詳しく、わかりやすくなっている。この最も簡略な『円明三十五ヶ条』第10ヶ条が、太刀の扱いに関して武蔵が最も言いたかった事であろう事は想像がつくが、いかんせん、簡略に過ぎる。より精確に伝えんと書き加えていったのだろう。

本条は『兵法三十五箇条』では第11ヶ条として継承されている。第11ヶ条後半の文は『円明三十五ヶ条』とほとんど同文であるが、前半に長い補足が書き加えられている。

〔参考〕『兵法三十五ヶ条』（第11ヶ条）

一、太刀の道の事

太刀の道を能く知らざれば、太刀心のままに振りがたし。その上強からず。太刀のむねひらを弁《わきま》えず、或は太刀を小刀に仕いなし、或はそくいべらなどの様に仕付れば、かんじんの敵を切る時の心に出合いがたし。常に太刀の道を弁えて、重き太刀のように、太刀を静かにして、敵によく当たる様に、鍛錬あるべし。

※そくいべら：飯を盛るへら

『五輪書』ではさらに説明が詳細にわかりやすくなっている。武蔵が太刀の振り方にこだわりを持って、どう説明したらよいか苦慮していたことが伺える。

〔参考〕『五輪書』「水之巻」（第7ヶ条）（抄）
一、太刀の道という事
太刀の道を知るというは、常にわがさす刀を指二つにて振る時も、道すじ能く知りては自由に振るものなり。太刀をはやく振らんとするによって、太刀の道さかいて振りがたし。太刀はふりよき程に静かにふる心なり。・・・いかにも大きに肘を伸べて強く振る事、これ太刀の道なり。

太刀の振り方で私は特に「いかにも肘を伸べて」を重視している。小指側の手首から腕の付け根までの下筋を太刀筋に合わせて振るには肘を曲げないで伸ばすことが大切であるが、肘を曲げてしまう場合が多くみられる。

『円明三十五ヶ条』→『兵法三十五箇条』→『五輪書』と一貫してこの条に用いられている言葉は〝静かに〟である。

太刀を〝静かに振る〟の反対は太刀を〝早く振る〟ことである。早く振るは『五輪書』でしばしば否定されることになる。「風之巻」第８ヶ条「他の兵法に、はやきを用いる事」の「兵法の道において、はやき事悪しし」を私は特に重視している。

〔参考〕『五輪書』「風之巻」（第8ヶ条）（抄）

一、他の兵法に、はやきを用いる事

兵法のはやきという所、実《まこと》の道にあらず。はやきという事は、物毎に拍子の間にあわざるによって、はやきおそきという心なり。その道の上手になりては、はやく見えざる物なり。・・・兵法の道において、はやきという事悪しし。・・・太刀はいよくはやく切る事なし。はやく切らんとすれば・・・少しも切れざるものなり。

〝静かに〟は水と関係がある。普通静かに太刀を振ると弱くなる思われがちである。静かで早くなく、ゆるゆると淀みなく打つ事が、大きな強い打ちになるような打ちができるためには、淀みない水のような身体遣いができなければならない。

武蔵がどのように戦いに勝って来たのか、その具体的な姿が少しずつ伺い知れてくる。

現代の者には、相手よりも早く太刀を振るってこそ勝てる、という発想から抜け出るのは容易でないだろう。実際に命を賭けて戦って来た武蔵の言葉、そしてその見出した理はとてつもなく重い。

『円明三十五ヶ条』（第11ヶ条）
十一、打つと当ると云う事。打つ理を慥《たしか》に覚え、試し物などを切る様に、思うさま打つ事。又当たるは、慥なる打ち、見えざる時、何れなりとも当たることあり。当たるにも強きあり。敵の身に当たりても、太刀に当たりても、当たりはずしても苦しからず。真の打ちをせんとて手足を起したる心なり。

まず、武蔵は〝打つ〟と〝当たる〟を別物と考えている事がわかる。〝打つ〟は確信をもって斬る動作。〝当たる〟は〝触れる〟〝偶然当たる〟くらいからを含む、〝確信もって〟でない動作だ。

確かに打つには打つ理をしっかり覚え太刀筋正しく振らなければならない。「試し物など切る様に」とあるように〝打つ〟は確信をもって斬るという意味で使っている。一方、武蔵は〝当たる〟も否定している訳ではない。まさか〝めくらめっぽう〟のレベルまでもは含んでいまいが、〝当たる〟とて相手に致命傷を与えるほど強く当たることもある。そして、〝当たる〟のよい所は「敵の身に当たりても、大刀に当たりても、当たりはずしても苦しからず」である点と指摘している。「苦しからず」は〝問題ない〟という意味。つまり外しても身や心が崩れないという事だ。〝打つ〟をはずせば自分が必ず崩れる、という訳でもないが、〝渾身の一撃〟をはずした後の状態は想像に難くない。〝当たる〟は、それ自体が相手に致命傷を与える可能性をはらみながらも、真の〝打つ〟を実現するための布石として有効に作用する、という事だ。

もちろん、刀は〝触れる〟程度でもかなりのダメージを与え得る。打ち処が見えない時でもわずかに生まれた隙に自然と太刀を当てることを重視する。水のような身体になっていればここだと思わなくても自然と生まれた隙に太刀が入っていくことになる。太刀を当てれば、真の打ちができる新たな局面が開けることとなる。太刀は斬るものという武蔵の常識を破った考えには脱帽せざるを得ない。武蔵は常に常識破りである。

そしてここで重要なのが、〝打つ〟と〝当てる〟をしっかり心得て、分別して動く事だろう。「今こそが打つ期」とみえて打つ〝打ち〟以外はすべて〝当て〟である。最終的には〝真の打ち〟を目指さなければならない。その意味で、〝打つ〟と〝当たる〟の分別は戦いには不可欠と言えるだろう。そしてこれは、誘いの技法にも繋がって来る重要な心得だ。

次ページは円明流勢法の六本目。

相手の太刀を両刀で下方へ抑え付ければ（写真③）、反射的に上に持ち上げようとする力が働くが、そこはスカして上段に振りかぶらせる。同時に相手の顔に切先を突きつけて攻め入る（写真④）。しかしここはいわば〝当て〟（本気で突き込まない）。それは、相手にはまだ余裕があり「今こそが打つ期」でないからだ。

切先を突きつけ、攻める勢を相手に差し向けると、追いつめられた相手は攻撃に出て来る。こここそが「打つ期」である。

上段から頭を打って来た相手の太刀を左手の中刀で止め、狙いの右手太刀で仕留める。

両刀の突きつけが〝打ち〟（本気で突き込む）ならば、決まればよいがかわされた場合は相手の攻撃は引き出せない。泥沼戦に突入するだろう。

◆円明流　六本目

打太刀（写真右）：雷刀
使太刀（同左）：円曲の構え（中段）

1

相懸かりに進む。
打太刀：円曲の交上を打つ。
使太刀：わずかに両刀を左右に開き避け、

2

使太刀：両刀を深く交えて深く入り、打太刀の太刀を相架け止める。

3

使太刀：打太刀が抑えられた太刀を上げようとする瞬間、両刀を開く。
打太刀：退って雷刀に振りかぶる。
使太刀：両刀を突き出しゆっくり攻める。（敵の打ちを誘うため）

打太刀：使太刀の頭を打っていく。

使太刀：中刀で相架け止め、太刀で膝あるいは足を打つ。（踏み替え）

このように、〝打つ〟と〝当てる〟の分別は重要である。

『円明三十五ヶ条』（第26ヶ条）
二十六、縁の当たりとは、（敵）太刀切り懸かるあい（間）近き時は、吾が太刀にて張る事もあり。受けるも、張るも、当たるも、敵を打つ太刀の縁と思うべし。乗るも、はずす、つぐも、是れ皆、打たんためなれば、我が身も太刀も、常に打たる心なり。

普通は目標を確かに斬る目的で太刀を振るう。敵との間合いが遠い時は確かに技を仕掛けて目標を斬っていく。しかし敵との間合いが近いときは、受けたり張ったり当てたりといった臨機応変なさまざまな動作が伴う。これらは皆、その場しのぎのバラバラな動作ではなく、自分がなさんとする〝真の打ち〟の縁（派生）の動作でなければならない。打たんとするためにさまざまな当たりが存在するのは前項のごとくで両者は分別されねばならないと述べたが、本条では逆側の表現をとっている。つまり、実際の近接戦における分別は「まず相手の真っ向斬りを〝当て〟で受けて、さらに相手が太刀を押し込んでくるのを〝当て〟で張ってさばき、最終的に相手の右脇腹にできた隙を〝打ち〟で斬撃する」〜などといったようにバラバラ別個にあてがうような対応ではあり得ない、という事だ。

〝真の打ち〟をなさんとする自分の太刀は、〝その期でない〟事が知れた瞬間に、受けたり張ったりといった〝当て〟に変化する。最後の三十五条に「ここだ」という時に打つ「直道という極意の太刀」が出てくるが、それ以外はすべて切る縁としての当たりであり、張る太刀である。

これは実際にやろうとするとなかなか区別が難しい。どうしても〝その場しのぎ〟の対応になってしまうものだ。

しかし、心得としては、武蔵の言葉は明解でシンプルだ。「〜是れ皆、打たんためなれば、我が身も太刀も、常に打ちたる心なり」である。これならば、「今、打つチャンスだったけど準備不足で間に合わなかった」などという事はない。常に、いついかなる時でも打ち込める勢、なおかつ、受けにも、さまざまな派生動作にも自在に変化できる〜これが理想だ。

②身体の運用

『円明三十五ヶ条』（第27ヶ条）

二十七、漆膠《しっこう》のつきとは、敵の身際へよりての事なり。足・腰・顔までも、透《すき》無なくよくつきて、漆・膠にて物を付けるにたとえたり。身に付かぬ処あれば、敵色々わざ（業）をする事あり。敵に付く拍子、枕のおさへにして、静かなる心なるべし。

「漆膠」とは〝うるし（漆）〟と〝にかわ（膠）〟である。粘着性の身遣いをここで説いている。

敵との間に距離があれば、相手に攻撃その他さまざまな挙動変化の機会を与えてしまう。敵に身体を接触させて漆や膠で付けたように離れないというのであるから、水がかぶさるような接触の仕方である。ぶつかるのではなく、覆いかぶさる感じである。身体が個体ではなく液体のようにやわらかくなければできない身体操作である。一度付いたら離れないという意味で漆・膠の例を使ったのだと思われる。

現代人がもし刀を手にしたら、相手の体と密着するほどの間合いで戦う事など頭に浮かばないだろう。

この条の最後に「敵に付く拍子、枕のおさえにして、静かなる心なるべし」とある。打たんとするウの字起こりを咄嗟に打つ動きや漆・膠のように敵に身を密着させる動きを静かにするという身体操作は、私には武蔵の動きの極地にあるように思える。ただし『五輪書』では「水之巻」の「漆膠」の条にも「火之巻」の「枕をおさえる」の条にも「静か」は使われていない。なぜなのか興味は尽きない。

なお、「枕のおさへ」については後述したい。

『円明三十五ヶ条』（第28ヶ条）

二十八、シウコウの身、敵に付く時、左右の手無き心にして、敵の身に付べし、悪しくすれば、身はのき、手を出す者なり。手を出せば、身はのく者なり。もし左の肩かいな（腕）までは、役に立つべし、手先に心あるべからず、敵に付く拍子は、前におなじ。

シウコウとは、「愁猴」であり、手の短い猿を意味する。よく考えてみれば不思議な言葉である。テナガザルに比して存在する言葉と思われるが、そもそもテナガザルなどいない日本でそのような言葉が用いられていたのだろうか。しかしあえて用いている武蔵のセンスも感じぬではない。前条「漆膠《しっこう》」と並べられてるのも心憎い。（「漆膠」と「愁猴」の並びは『円明三十五ヶ条』→『兵法三十五箇条』→『五輪書』と一貫して継承されているが、『五輪書』では順序が逆になっている）

武蔵の時代に限らず、日本の自然には猿が多く身近であった。人間と動物との区別がそれほど大きくはなく、運動能力は人間以上の超自然的な能力を感じていたらしい。猿に神秘的な力を感じ、武術の流祖の話でも愛洲移香斎のように猿に技を授かったという話や、新陰流の技に「猿飛」の名のつくもの、また柳生十兵衛の『月の抄』には太刀の握り方を猿がものを掴む形で説明した例がある。柳生宗矩の逸話の中には他流試合に訪れた武者修行者に飼っていた猿と試合をさせたという話すらある。

ともあれ、遠間から長い手を伸ばして切先を届かせる～ような戦い方を断じているのは確かだ。「手を出せば身はのく」とある。〝身〟が大事なのだ。ほとんど体当たりに近いニュアンスかもしれない。そういう意味でも、前条と通じている。

「左の肩腕までは、役に立つべし」とあるが、武蔵は手と違って肩と腕は身体の一部と考えている。この文章は『五輪書』の「しうこうの身という事」からは消えているが、代わりに「身のあたりという事」に「我が左の肩を出し」敵の胸に強く当たると具体的になっている。なお、春風館　加藤館長は「太刀は手ではなく肩かいなで振る」と常々言われている。

なぜ武蔵が〝二刀〟というスタイルを選んだかについて、片手刀によるリーチの伸び、操作範囲の拡大などを考える方も少なくないのではないかと思うが、片手刀は鍔元深く持つのが基本であるし、そもそも片手刀では、相手の両手刀を受け流したり、捌いたり、抑えたりするのは容易でない。手だけの操作では駄目で、それこそ〝身〟の働きを十二分に刀まで通さねばならない。「愁猴」にはそういった意味合いも込められていたのではないだろうか。

野球のバッティングでも、卓球でもテニスでも、バットやラケットを持った手を一杯に伸ばして当てても、

大きな力は伝えられない。支点からの距離が長いほどスイングスピードが稼げそうな気がするが、そうはいかないのだ。

ここで、全然違うジャンルの話を挿入させていただきたい。戦場カメラマン、報道写真家として知られるロバート・キャパ（1913〜1954）の言葉である。

「きみの写真が傑作にならないのは、あと一歩、被写体に近づいてないからだ。」

ここには複数の意味合いがある。だから武術にも通ずるものとして引用させていただいた。

道具が進歩すればするほど、被写体に近付かずとも写真が撮れるようになる。例えば高性能のズームレンズなどのように。しかし、間合いを詰めなければ、引け腰の写真にしかならない。本当にいい写真を撮るために必要なのは、倍率の高いズームレンズではない。自らの足で被写体に詰め入る事だ。物理的にも、気持ちとしても。

これは自らの足で戦場に飛び込んで行った男の言葉。

武蔵と同じ事を言っている気がするのだが、いかがだろうか。

『円明三十五ヶ条』（第29ヶ条）
二十九、タケ、クラブルとは、敵の身際に付く時、敵と、タケをくらぶる様にして、吾が身のばして、敵のタケよりは、我がたけ高くなる心。身ぎはへ付く拍子は、何れも前に同じ。

〝タケ〟とは「たけくらべ」そのもの、身長の事である。

肉弾戦を薦める条文が続くが、これは身体で相手の上に乗る、太刀操作で言えば上太刀になることである。「我が身を伸ばして」は『五輪書』では「足をも伸べ、腰をも伸べ、首をも伸べ」とより具体的な身体操作となっている。私は特に「腰をも伸べ」に興味を覚える。背が低い人の場合でも腰で相手に乗れば相手を制することが出来る。

〝乗る〟という操法は太刀操作にそのまま通ずるが、武蔵が志向している身体操作が〝重力〟を活用しようとしているという事だ。

切先を相手に当てる、というだけの意味であれば、とくに〝上〟が〝下〟より優位、という訳でもない。〝上〟が〝下〟より優位になるのは、〝重力〟が関与してきた時だ。そして、この〝重力〟が最大限に活きるのが、無駄な力が入らず固まっていない〝水〟のような身体である。

『円明三十五ヶ条』（第30ヶ条）
三十、扉の身と云うは、敵の身に付く時、我が身のはば広く直《すぐ》して、敵の太刀も身も、立かくす様になして、敵と我が身の間も透《すき》のなき様に付くべし。又身をソバメル時は、いかにも薄く、直になりて、敵の胸へ我が肩を強くあつべし。敵を突仆《たお》す身なり。

この条も引き続いて近接状態を記している。

前条の「丈比べる」は身体の縦であったが扉の身は身体の横、身の幅の問題である。縦だけでは横に逃げられてしまう。扉を閉めるように太刀も含めて相手の全体を自分の幅で覆ってしまうことである。このように敵と身体を接触することの重要性を繰り返しのべている。間合いを太刀ではなく身体で越すことも含め、私は武蔵の剣はほとんど体術であったと考えている。

普通、多くの流派が身を一重身にして構えるのは敵に攻撃される部位を少なくするためである。両手に二刀を持つ場合も一重身になり一刀は前、一刀は後ろの手で構える。しかし武蔵の場合身体の全体で敵に正対し、二刀を前に出したり（円曲）、提げたり（下段円曲）する。武蔵の構えは実際に遣ってみると想像以上の威力がある。

第29条～第30条と合わせて敵との密着状態を示しているが、本条でようやく、そこからどうするかが書かれている。突き倒すのである。

刀を持っている事を前提とすると、現代柔道のように手で相手を掴むような操作は考えにくい。手で掴まずしていかに相手を倒すか。今ならば「足をかける」などをどうしても考えてしまうが、もっと根本的なところでの大事な理として、相手を崩す方法を説いている。それは密着して敵の手段を殺し、脱力～水のような身体で重力を最大限活用しながら相手をコントロールしてゆく、というものだ。

最後の「敵の胸へ我が肩を強くあつべし」以外には、大した操作はしていない。ここが非常に大事な所のように思うのだ。

下手に動けば必ず裏を取られる。かといって、待つだけでは後手をひくのみ。そういう瞬間にどう身を処すべきなのか、そこの所の教えは、むしろ現代の武術や格闘技にはないように思う。

「漆膠の身」といい、「扉の身」といい、水のように覆いかぶさるのであって、身体を固めて相手を吹っ飛ばすような体当たりにいったのではないだろう。ただし『五輪書』「身のあたりという事」には「敵二間も三間もはげのくほど、つよきものなり。敵死に入るほどもあたるなり」とある。『五輪書』のこの箇所は、これまでの水が術理の根底にある、敵に静かに付く拍子と違っているようにも取れるが、体当たりして吹っ飛ばしたのではなく当たる勢いを言ったのだと解したい。『五輪書』は「三十五ヶ条」の術理表現からむしろ誤解を生みやすいような強い言葉を使った改変がされてしまっていると感じるのはこうした箇所である。

6 勝ち方

① 隙と心理

『円明三十五ヶ条』（第17ヶ条）

十七、陰を押さゆると云う事、敵を見るに、心の余る所もあり。不足なる所もあり。我が太刀も心も余る処へ気〔を〕付ける様にして、足らぬ処のかげにそのまま付けけば、敵、拍子まがいて勝ちよきものなり。されども、我が心を残し、打つ処を忘れざる処、肝要なり。

陰のかげは敵の心の内がみえない場合である。ただ敵の心が打ち気で一杯になっている所とあまり打ち気が見えない所が分かるだけで、敵の本心がみえないで陰に隠れている場合は、敵の打ち気の所に気を付けておいて、打ち気の不足している所を打って行けば、勝負所ではない思いがけない打ちに敵は拍子が狂ってしまう。狂った拍子をよく見れば敵の隠れた本心が見えるものである。

今で言えば武蔵は類まれな行動心理学者と云える。そのような洞察は実際の命を賭けた稽古のなかで獲得したものに違いない。

次ページの写真は円明流勢法の五本目。

相懸かりに進むが、相手の心は見えない。〝余る所〟と〝足らぬ所〟が見えるのみ。〝余る所〟である上

◆円明流　五本目

1

打太刀（写真右）：雷刀
使太刀（同左）：左手中刀。切先は打太刀の左目を指し、刃を斜めにして身を防ぐ。太刀は撥草勢にたち、左脇を先にする。

2

相懸かりに進む。

3

打太刀：左拳を打っていく。
使太刀：中刀を引き、

4

使太刀：同時に大刀で頭を打つ。

段からの真っ向斬りに気と中刀を当てておく。振り下ろしてきたらその気当てによって自然に引き捌きつつ、振り下ろしによって生じる頭に打ち込む。〝足らぬ所のかげにそのまま付ける〟程度の動きが攻防一体のカウンターになる。

思うに、ここでの言葉の使い方からして、武蔵が言いたいのは〝相手の弱点を見つけんと積極的にサーチする〟ような心の在り方ではないのではなかろうか。もっと自然に、それこそ〝水〟のようにスルリと相手の足らぬ所へ入り込んで行くようなニュアンスなのではないかと思う。それでこそ「我が心を残し、打つ処を忘れざる処」が成立する。

次条には別の〝かげ〟が登場する。

『円明三十五ヶ条』(第18ヶ条)

十八、影を動かすと云う事、敵、太刀をひかえ、身を出して構う時、心は敵の太刀を押え、身を空にして、敵の出たる処を、太刀にて打たば、必ず敵の身を動き出すなり。動き出れば勝ち易し。昔は無き事なり。今は居付く心を嫌いて、出たる処を打つなり。

『兵法三十五箇条』もほとんど同文であるが、「敵、太刀をひかえ」の前に「影は陽のかげ也」が新たに加わっている。このことで影は前条の〝ひそんで見えない心〟である陰のかげとは違って太陽の影で、影を動かすという表現にあるように敵の心を動かすことが問題となっている。前条の〝陰〟はひそんだかげ、本条の〝影〟は動くかげである。

第14ヶ条（後述94ページ）で「太刀は後から打つ、これ空の心なり。太刀と心一度に打つことなし」とあり、この第18ヶ条では「身を空にして、敵の出たる処を、太刀にて打たば」とあるように空は太刀を打つことに関して言われていることにまず注意を向けるべきである。

敵が太刀で攻めず身で攻めてくる場合、その敵の動きに乗ったふりをして敵が差し出した隙を打っていけば必ず敵は本心を出してくる。そこを打てば勝ちやすい。以前は相手の誘いに乗らないでいたが、それでは居付いてしまう。今は敵が誘えばすぐに乗ったふりをして敵の心を動かす。

「昔は無き事なり」の〝昔〟とはいつか。『円明水哉伝』では「昔はなきこと也とは、他にはなきという事也」とするが私は『兵道鏡』の頃と比べていると思う。与右衛門は『兵道鏡』の存在は知らなかったと思われる。『兵道鏡』も敵を動かすことを積極的に、笑いかけたり、走り懸かったり、「打つ身の懸かりになりて」など「敵の思い寄らざる事をして、拍子ちがいにして」先をかけて相手の打ちを誘っている。しかしここでは、敵が打つ気は身体で示しているが「太刀をひかえて」いる場合を考えている。『兵道鏡』ならこちらから先を懸けたであろう。しかしそれで相手が懸かってこないのでこちらから先をかけようという気持ちに集中するという居付きの心が生じてしまう。そこで『円明三十五ヶ条』では身で打つ気は示さず、とにかく敵の出た所を打っていくのである。身も心も攻める動きをしないで空にして敵がわざと見せた隙を打つ。敵の思い寄らざる事をして敵の拍子を狂わすのではなく、打つ動作の中で拍子を違わせる点に大きな違いがある。

一つ重要な問題がある。『円明三十五ヶ条』も『兵法三十五箇条』も「陰を押さえる」「影を動かす」であったが、『五輪書』では「陰をうごかす」「影をおさえる」と「うごかす」「おさゆる」の表現が反対になっており、

「大分の兵法」の問題を中心に論じていて、内容も混乱している。

なお柳生流の立場での解説に17条「陰を押さえるという事」には「打つを待ち居、敵の虚を打つ」、18条「影をうごかすという事」には「これ斜（車）か撥草に構えたる時、この心にて探り打す（る）好し」とある。見えない陰を察して「虚を打つ」ことが〝陰を押さえる〟で、一方、車や撥草のように太刀先を後ろに影のように隠している場合、敵が前に出している所を、我は本気で打たないで「探り打」すれば敵は身を動かして打ってくるので、隠れた影が出てくる。そこで「動き出れば勝ち易し」となる。尾張柳生が「円明三十五ヶ条」と真剣に取り組んでいた事をうかがわせる。

ともあれ、心理において相手の先を行く事の重要性を、『円明三十五ヶ条』では説いている。本条では相手を動かして心理的に待ち受けるのだ。

②見えない崩し

『円明三十五ヶ条』（第19ヶ条）

十九、弦をはずすと云う事、敵も我も心ひつぱる事有り。身にても、太刀にても、足にても、心にても、早くはずす者なり。敵、思いよらざる処にて、能々はずるるものなり。

敵と向かい合って拮抗状態に陥ってしまう、つまり敵と我の間に意識上の弦がピンと張られた状態になってしまった場合、敵に思いがけない事を仕掛けて両者の間の緊張状態を外すと敵の心や身や太刀に緩みが

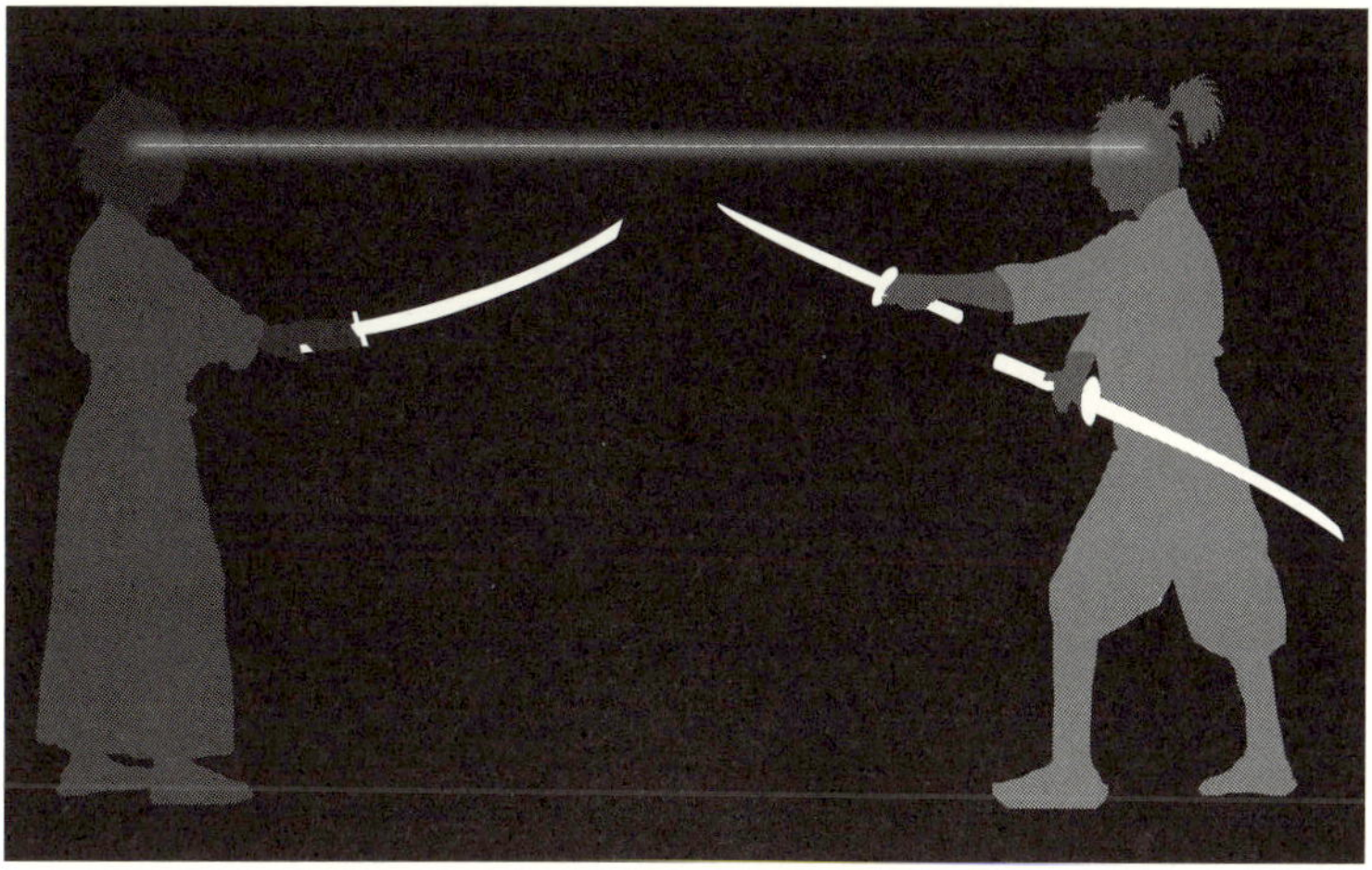

生じ、我れが有利な立場に立つことができる。

まずは、それが〝拮抗状態〟である事を感得する所に大事がある。これは、なかなか難しいものだ。彼我を含めた〝総合体〟を客観的にとらえなければならないからだ。この辺、武蔵は〝目に見えない〟次元の事をていねいに語ろうとしている。

〝拮抗状態〟にあるうちは、明確な〝勝ち目〟はない。力勝ち、力負けのような形で半ば偶然のように均衡が破れ、バクチの結果のような勝ちや負けが転がり込むくらいのものだ。しかし、現代の競技スポーツや武道においては、得てしてこの〝拮抗状態〟をゴリ押しで突破しようとする傾向があるように思う。というよりは、他に手段を持たぬ、といった感じだろうか。それほど、現代はこの〝拮抗状態〟に鈍感になっている。

勝つ時は勝つ、負ける時は負ける、という事で現代の競技は良いのかもしれないが、負けが死を意味する時代の武蔵はそれをよしとしなかった。ゆえにこそ、ここでの教えは、本当の意味での極意だろうと思う。おそらくこの〝目に見えない〟次元を制する事ができなければ、〝無敗〟を通す事などできなかったろう。

③膠着状態

『円明三十五ヶ条』（第20ヶ条）

二十、オグシの教えの事。オグシ〔小櫛〕の心は、むす〔結〕ぼふ（う）るをと〔解〕くと云う儀なり。我が心にくし〔櫛〕を持ちて、敵のむすぼらかす処を、夫々に随いとく心なり。むすぼうると、ひきはると、似たる事なれども、ひきはるは強き心、結ぼふるは弱き心、能々吟味すべし。

前項の〝弦を外す〟場合は敵と我の間は「強き心」で緊張状態にあったが、ここでは敵と我との間は「弱い心」でだらだらと膠着状態に陥っている、つまり確信をもって打ち込めずぐずぐずと立ち合っている場合である。これも起こりがちな場面だ。むしろ相手との緊張状態よりこちらの方が厄介である。いわば糸が絡み合ったかのように混沌とした中で、解決の端緒が見出せない状態。そんな時は櫛をもって〝敵の結ぼらかす処〟にあてがって、夫々に随い、解いてゆけ、という事だ。

剣術の術理を日常の髪を梳く問題に転化する武蔵の思考の柔軟性に感心してしまう。

解決の糸口が見出せない所をふいに外せば崩しにも繋がる、前項の張りつめた拮抗状態と違い、似たようでありながらも〝結ぼうる〟の膠着状態は、ふと外せる類のものでもない。「弱き心」で絡まっているゆえに、外しても相手自身への影響はない。こちらを解くには、ていねいに櫛を入れるように、力ずくでも唐突でもなく、絡まりに添うようにせねばならない、という事だ。両者を混同すれば、えらい事にもなる。

なお、本条は『五輪書』には相当する条文が見当たらない。戦いの緊張状態において〝ていねいに櫛を入れる〟というスピード感の導入が伝わりにくいとされたのであろうか。それだけに、武蔵独特の〝時間感覚〟も垣間見える貴重な条文だ。

④拍子

『円明三十五ヶ条』（第21ヶ条）

二十一、拍子の間を知ると云う事。敵により、早きもあり、遅きもあり、敵に随う拍子なり。心遅き敵には、太刀相に成ると、吾が身を動かさず、太刀の起こりを知らせぬ（ず）早く空に当る、これ、一拍子なり。敵の気の早きには、吾が身と心を打ち、敵動きの跡《あと》を打つ事、これ、二のこし（越）と云うなり。また無念無想と云うは、身を打つ様になして、心と太刀は残し、敵の気の間《あい》を、空よりつよく打つ。これ無念無想なり。

また後れ拍子と云うは、敵太刀にて張らんとし、受けんとする時、如何にも遅く、中にてよどむ心にして、マ〔間〕を打つ事、後れ拍子なり。

武蔵は、刀は速く振るのでなく静かに振れと言っている。「そう言われても、現実にはそうはいかぬ」というのが現代人の感覚だろう。そこの違和感を根本的に解決する最重要事項がこの〝拍子〟である。すなわち、スピードをもって勝つのでなく、〝拍子〟をもって勝ちを得るのだ。速い者が遅い者に必ず勝てる訳ではない。ゆえに「敵に随う拍子なり」という事になる。

本条では4つの拍子について述べている。

1　一拍子

すぐに打ってこない敵は〝待ち〟の勢にある。そういう相手に不用意に打って出れば、相手は待ってましたとばかりにカウンターを取りにくる。それが〝待ち〟の狙いである。ゆえに自分の身は不用意に動かさず、太刀の起こりを相手に悟らせない事が肝腎となる。起こりをまったく見せぬまま、つまり敵にこちらの動きに応じる時間を与えず瞬時に打って行く。武蔵はこれを「空に当たる」と表現している。敵にとってはあたかも〝いきなり打ってこられた〟かのような攻撃、それが一拍子である。

2　二のこ（越）し

打ち気にはやる敵には、身でも心でも先を懸けて見せかけの打ちを示すと、敵は負けじと打ってくる。こういう時に敵は、容易に動きを引き出す事ができるので、その打ちを越えて生まれた隙に打って行く。身と心で先に打って行くが、太刀は身と心の後にあるので、敵が負けじと打ってくる後から打つことができる。拍子の違う打ちを二度打つことになるので「二の越し」という。

3　無念無想の打ち

「一拍子の打ち」「無念無想の打ち」ともに、「空に当たる」「空より強く打つ」と〝空〟が使われている。

1の「一拍子」は「我が身を動かさず、太刀の起こりを知らせず」とあり、無念夢想では「身を打つ様になして、心と太刀は残し」とある。身を動かさないほうが無念無想のように思うが、身を動かして相手に打ってくるなと思わせ、その瞬間、身心と太刀で〝空より強く打って行く〟のを無念無想と言っている。

4 後れ拍子

太刀の打ち合いは早いほうが有利であるように思われがちであるが、ここで武蔵は「いかにも遅く、中にてよどむ心にして、マを打つ」と云っている。淀むという表現は水が淀むと云い「水」と関係して言われている。水が淀んで覆いかぶさるようにゆったりと（遅く）太刀を振る。そのゆったりと迫るなかで敵が見せた隙に太刀が流れ込むように振り下される。

武蔵は『五輪書』の「水之巻」第17ヶ条でこの「後れ拍子の打ち」を「流水の打ち」と表現豊かに言い換えている。まさに言い得て妙である。武蔵の剣の特徴を一言で言い換えたらこの「流水の打ち」と言うことができる。

「いかにも遅く」という表現が重要である。晩年武蔵は『五輪書』の終わり近く「風之巻」の第8ヶ条で「兵法の道において、早きという事悪しし」と言い、私は前著『武蔵「五輪書」の剣術』でこのフレーズが『五輪書』の術理のなかで武蔵の剣の特徴を最も表していると書いたが、その考えはすでにここにあった！

反対に『五輪書』を理解するには『円明三十五ヶ条』から見ると分かりやすい場合が多い。「流水の打ち」は『五輪書』だけみると。「我が身も心も大きになって、太刀を我が身のあとより、いかほどもゆるゆると、よどみのあるようにつよく打つ事」とあるのを、要するに水のように淀んで打つことだとだけ理解してしまうが、これは『円明三十五ヶ条』では「後れ拍子」と言われていることが分かれば、流水の打ちは拍子の問題だという事がはっきりと分かる。

次掲88～89ページの写真は、円明流勢法の八本目。

◆円明流　八本目

1
打太刀（写真左）：雷刀
使太刀（同右）：円曲の構え（中段）

2
相懸かりに進む。

3
打太刀：円曲の交上を打つ。
使太刀：わずかに両刀を左右に開き避け、

4
使太刀：両刀を深く交えて深く入り、打太刀の太刀を相架け止める。
打太刀：太刀を上げんとする。

5
使太刀：打太刀が抑えられた太刀を上げようとする瞬間、両刀を開く。
打太刀：退って雷刀に振りかぶる。
使太刀：両刀を突き出し攻める。

6
打太刀：使太刀の頭を打っていく。
使太刀：両刀を交差させ、打太刀の両手を押える。（実戦では両目を突く）

まず両刀を胸前に交差させた円曲の構えで歩み寄るが、この勢法前半のポイントは、〝相手を動かす〟ところにある。すなわち「二の越し」だ。

あえて逆算的に解説すると、こちらの刀の交点めがけて相手が振り下ろして来るところを一瞬開いてかわし、抑えるが、この一連は、相手の〝振り下ろし〟がこちらが出させた動きだからこそ成立している。つまり、待ち受けているのだ。

どうすれば相手は、振り下ろしてきてくれるか？　それは、ただ構えているようでいながら、打ちの〝勢〟を相手に当てる事で、ある意味、追いつめていく。しかしゆっくり攻めることが肝要だ。攻めながら、相手の打ちを誘っている。そこに対して、相手は動かざるを得なくなるのだ。

後半のポイントは、最後の突きつけ。打たなければその瞬間、首や顔を突かれてしまう。ここでは、相手に、こちらの動きに応じる時間を与えない〝一拍子〟によっている。

勢法は、ただ表面的な手順を追うばかりだと、「こんな攻防が実戦で成立するのだろうか」という気がしてくる。しかしその内実には、さまざまな〝拍子〟が隠れているのだ。

⑤ 最高の好機

『円明三十五ヶ条』（第22ヶ条）

二十二、枕の押えとは、敵太刀打ち出さんとする気ざしを受け、打たんと思う、ウの字の頭《かしら》を、空より押ゆるなり。押え様、心にても押え、身にても押え、太刀にても押える者なり。この気ざしを知れば、敵を打つによし、入るによし、はずすによし、先を懸るによし。何れにも出合う心あり。鍛錬肝要なり。

戦いというものは、初心のうちは、とにかく相手より先に動こうとするものではないかと思う。つまり、スピード勝負。それも馬鹿にしたものではない。相手がさばけずヒットするならば、もうそれだけでグウの音も出ない。しかし、レベルが上がってくると、相手が先に動いてくれた方が、その動きを利用したカウンターが取りやすい、という事になってくる。

格闘技の試合で、にらみ合ったままお互いに一向に攻撃を出さない、などという戦いを、まま見かけるのは、相手が攻撃動作に出た時が最大の隙であり、そこをつくカウンターを互いに狙い合っているからだ。相手のパンチをかわし、その結果として身を崩した相手の隙にカウンターを入れる、というのはある意味理想型だが、実際には、かわされて身を崩すようなパンチを相手が打って来てくれるとは限らない。しかし、そんな中でも相手が、どうにも身の自由が利かなくなる、そんな最高の好機が存在する事に、武蔵は気付いていた。

それは、〝相手が動きを起こそうとし、実際には動くか動かないかくらいの瞬間〟だ。

次ページの写真は円明流勢法の四本目。

歩み寄り、間境に達した時、中段に構えた相手は、斬撃せんと切先を上げる。この瞬間をとらえ、左手の中刀で相手の太刀を斜め上にすくい上げて、隙となった足を打って行く。

「打たんと思う、ウの字の頭」という表現は、秀逸だと思う。そう、その瞬間なのだ。

この瞬間より早ければ、要するに相手が動く前にこちらが動いたという事。相手はその動きに対応した

◆円明流　四本目

1

打太刀（写真右）：中段
使太刀（同左）：左手中刀。
切先は打太刀の左目を指し、刃を斜めにして身を防ぐ。
太刀は撥草勢にたち、左脇を先にする。

2

相懸かりに進む。

3

打太刀：間境にて中段の切先をわずかに上げて打たんとする。
仕太刀：打太刀が打たんとする「ウ」の瞬間、打太刀の太刀を斜め上にすくい上げ、

4

仕太刀：同時に前の膝（または腕）を打つ。（踏み替え）

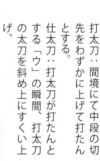

別の動きに変化する事ができる。この瞬間より遅ければ、相手の動作は進んでしまっている。おそらくこちらの後追い対応は間に合わないだろう。しかし、この「打たんと思う、ウの字の頭」の瞬間だけは、動作の中止も変化もどちらもかなわなくなる奇跡のような好機なのだ。

相手の打って来る気が動作として現れてからでは遅く、それが見えない内に乗ることを「空より押さえる」という。

この期をとらえられるようになるためには、相当の鍛錬が必要となるだろうが、会得できればこれ以上の強みもない。それほどの極意である。

なお皆さんは、『円明三十五ヶ条』には、この条の「打たんと思う、ウの字」のようにカタカナが多用されていたことにお気づきになっただろうか。それらは皆『兵法三十五箇条』ではカタカナは使われていない。オグシの教↓小櫛、シウコウの身↓愁猴、タケ、クラブル↓たけ、くらぶる、身をソバメル↓そばめる、タクミをさせぬ↓たくみ、ヨクル心↓よくる。

そもそも表題自体が「三十五ヶ条」とカタカナになっている。気楽にカタカナを使用していたが、藩主である細川忠利に呈上する場合に失礼に当たらぬようにカタカナは改めたと思われる。またその後、竹村与右衛門に与えた『円明流兵法三十五ヶ条』は再びカタカナに直している。以上は三著の成立事情を伺わせる重要な証拠の一つとなっている。

7 最極意

① 太刀・心・身体の分離運用

『円明三十五ヶ条』（第14ヶ条）

十四、太刀に替わる身の事、太刀を打ちだす時は身は連れぬ者なり。又身を打つと見する時、太刀は迹《あと》より打つ心なり。これ空の心なり。太刀と心と一度に打つ事は無し。中に在る心、中に在る身、能々吟味すべし。

普通「刀身一致の打ち」がよいとされる。しかし太刀と身が同時に動くと、敵に動きを察知され得た場合に敵の攻撃に対応できない。武蔵は太刀と身を一所にしてはいけない。身で打ち見せる場合、太刀も同時に打っていかないで、太刀も心も残し、後から太刀を打って行くという。

次ページ写真は、円明流勢法の十本目。

写真1枚目の使太刀のように二刀を重ねて右脇に取る構えは「車《しゃ》」と呼ばれているが、このように刀を控えて身を乗り出しているのには理由がある。左肩方への誘いだ。つまり、ここを斬りに来させるのが狙いだ。

狙い通り、左肩を斬りにきたら、それは待ち受けたる動作。二刀ならではの受けと同時に太刀振りで相

◆円明流　十本目

打太刀（写真右）：中段
使太刀（同左）：両刀、下段の車に構えて前足・後ろ足と先を懸けて攻め進む。

打太刀：攻め進み、使太刀の肩を打って行く。

使太刀：打ち間に入らんとする瞬間、両踵で腰を廻し、中刀で打太刀の太刀を相架け止め、大刀で拳を打つ。

手拳に斬りつける。ここで初めて太刀が出される。

ここには、太刀・身体・心という三位重層構造による、武蔵独特の戦闘理論が顕われている。すなわち、三位一体で突っ込んで行ってしまっては、威力としては相当かもしれないが、かわされた時に命取りとなる。対応力、変化に著しく劣るのだ。

そこを、太刀、身体、心の分離運用によって、常にフォローが用意されている。また、〝誘い〟等、相手を動かすという戦略においても、この三位分離方式は優れている。

身で攻めているように見せても、心は残しておく。これを武蔵は「空」と称した。空は心だけの問題ではなく身と太刀に関わる問題である。

十本目は武蔵の剣の特徴、特に『円明三十五ヶ条』の第21条「拍子の間を知るという事」を最もよく表していて秀逸な技である。我は先を懸けて攻め進み、身体（肩）で間を越すので敵は打たなければ打たれるため、打っていかざるを得ない。そこに隙が生まれる。我は太刀を後から振る。敵が間に入ってくるので手を伸ばす必要はなく、足腰で身体と太刀を車に回して、身体の回転で敵の打ちを外すと同時に、太刀は打ち間に入った敵の拳を後からゆっくり打つ。心は懸かるでも待つでもない。懸かろうと思えば打ち合いになり、待てば先に打たれてしまうことにもなる。

柳生新陰流の第一の太刀である「一刀両段」も車の構えであるが、あくまで「待ち」であり、攻撃を仕掛けない敵は戦う必要はない。待つだけの姿勢には敵の攻撃に対して一瞬緩みが生じる。そこで「懸かり」の太刀である「九箇の太刀」の立場がある。しかし尾張円明流の十本目は一つの技に同時に「懸かる」と「待つ」を体現している。柳生新陰流が武蔵に勝てなかったのはこうした違いがあったからではないだろうか。

②身と心の在り方

『円明三十五ヶ条』（第33ヶ条）

三十三、岩尾の身とは、動く事なくして、強く大なる心なり。万理を得ては、ヨクル心あり。降る雨、吹く風迄も、石に勢有り、心無し。

この岩はどういう状態で置かれているのであろうか。「石に勢あり」とあるが、ただ置かれているだけでは勢いはあまり感じられないであろう。

武蔵によって名古屋に送られた竹村与右衛門の言葉がある。

「岩尾の身とは、たとえば山の端より大岩出であり、その石、落つべく共、落ち間敷とも心はなけれ共（落ちようという心も、落ちまいという心もないけれど）、見る者はこの石落ちたらばなどと思い、あやうき様に思う。その如くに我が身を大岩の様に持ちなせば、敵よりは前に岩を見る者の如くになる事なり。これは先を取り攻心にて形をからりとして（無心になって）、敵に向かえば、これ岩尾の身なり。」

武蔵は与右衛門にこのように説明したと思われる。つまりこの岩は山の端に置かれ、今にも落ちそうな状態に置かれているのである。下から見ているものは今にも落ちそうな恐怖を覚えるが、岩には心がないので何も思っていない。その岩の前に立っただけで恐怖を起こさせるように我が身をなすことが岩尾（巌）の身なのである。しかし岩には心がないので無心であり、この岩が体現している姿こそが正に「空」である。

その心のない岩になることが「万理を得る」ことなのである。続けて与右衛門は言う。

「また万理を得ては、よくる心ありとは、岩には何の心はなけれども、何があたりても強き物なり。故にその当たる物の方よりあたりてよけるなり。かくのごとく我が身、岩尾の身になせば敵よりよくる心なり。また石に情あり心なしとは、石と思うは石の情なり。しかれども石には何れ心はなき故に、石に情あり心なしと云うなり。また岩尾の身、門を開くと云う事あり。体を強く持って、心をからりととびらを開けたるようになる事なり。」

ここで与右衛門は「石に情あり心なし」と言っているが『円明三十五ヶ条』は「石に勢あり、心なし」と書いてある。「情」より「勢」の方が、開いた扉からからりと無心に転がり落ちてきそうな勢いを示している。

『兵法三十五箇条』には重要な違いがある。


〔参考①〕『兵法三十五箇条』(第34ヶ条)

一 いわおの身と云う事
岩尾の身と云うは、動く事なくして、強く大なる心なり。身に自ずから万理を得て、つきせぬ処なれば、生ある者は、皆よくる心あるなり。無心の草木迄も、根差しがたし。降る雨、吹く風も同じこころなれば、此の身能々吟味あるべし。

傍線部分が新たに加わった部分である。ただし最後に違いがある。

『円明三十五ヶ条』：降る雨、吹く風迄も、石に勢あり、心なし。

『兵法三十五箇条』：降る雨、吹く風も同じこころなれば、此の身能々吟味あるべし。

『兵法三十五箇条』は「石に勢あり、心なし」がなくなったことで、対する敵は今にも岩が落ちてきそうな恐怖心は持たない。この岩は山の端に今にも落ちそうに置かれているのではなく平地にどかりと置かれているだけである。雨が降ろうが風が吹こうが動かない。

『五輪書』ではこの文自体がなく意味が曖昧な次の文となっている。

〔参考②〕『五輪書』火之巻　最終条
一　岩尾の身という事
岩尾の身という事、兵法を得道して、たちまち岩尾のごとくに成りて、万事あたらざる所、うごかざる所、口伝。


ここでは岩はどっしりと地面に置かれた感じである。前に立った相手に転げ落ちて来る恐怖心も持たせなければ、雨にあたっても風に吹かれても静かに置かれているだけで勢いは感じられない。ただそのどっしりとした威容に打たれるだけである。また「万理」の語はなく代わりに「万事」となっている。武蔵が『五輪書』から「万理」を外して「万事」にした意味は大きい。

今までの通説では『兵法三十五箇条』が最初に書かれており、各書で発見される「三十五か条」はその不正確な写しであると言われて来た。しかし『円明流兵法三十五ヶ条』や春風館に保存されていた『円明三十五ヶ条』(写し)のように「岩尾の身」の文は〝万理〟があることで全体的な意味が活かされている。

武蔵は『円明三十五ヶ条』を兵法書に仕立て直す際、手本にした柳生宗矩の『兵法家伝書』のように空を精神的問題とするために「万理一空」を、『兵法三十五箇条』では理論的繋がりを破ってまで最後の第36ヶ条に移し、『五輪書』では遂に「万理」自体を「万事」に替えてしまったのである。この一事でも『五輪書』は問題の書であると言わざるを得ない。

本来は「万理」は術理の問題なのである。これまで述べて来た術理を鍛練によって身に付け、万理を得れば山の上から今にも転げ落ちそうな勢いを持ち、敵の方から避けるようになる。しかし岩に心はないように我が身は心がない＝空である。「石に勢あり、心なし」。石と敵が思うのは敵の情＝恐怖心から起こる。一方、万理を得た人は心が空であり、しかし立ち会った相手は開いた扉から岩が転がり落ちて来るような恐怖心を覚え、思わず「参りました」と言うであろう。

『兵法三十五箇条』は、この岩は自ずから勢いを持っているので雨とも風とも一体となっており、雨や風の影響を受けない。こう述べておいて次の第35ヶ条に「一流に直道という極意の太刀あり」と言い、最後の36ヶ条に「万理一空の所、書きあらわしがたく候えば、自身御工夫なさるべきものなり」と、唐突に忠利に語りかけるのである。「書きあらわしがたく」というが、それまでのすべての条が円明流の「万理一空」の術理を語ってきたのである。武蔵は兵法書の体裁を整えるために術理とは関係のない空を最後に置きたかったので、このような理不尽ともいえる無理が生じた。したがって空を理の問題ではなく『兵法家伝書』の精神的空としたために『五輪書』では「万理一空」から万理を外して「空之巻」となったのである。今日まで続く武蔵への誤解はこの時から始まっていると言わざるを得ない。

③空

『円明三十五ヶ条』（第34ヶ条）
三十四、万理一空は、書に著しがたし。自身工夫にあり。無一物。

術理の最高は相手の起こりを見せない空の状態の中から相手の打つ機をとらえることであり、我が身からすれば起こりを見せないで空の状態から相手を打つことである。その意味で「万理一空」である。これまでの術理を全て身に付け太刀も身も心も空となれば、これまでの術理も全て捨てて「無一物」となる。そうすれば次の最終第35ヶ条で述べるように、戦いでの―早き期、遅き期、のがれざる期を知り、究極の技であるここだという機に「直道」という極意の太刀を振るうことができるのである。

『兵頭鏡』には「乗る心持ちは、太刀にても乗らず、手の内、肘、肩、腰、足にても乗らず、敵、太刀を打ちだすを、五体一度に」とあるように心も太刀も身体も一つになって打って行った。しかし続けて「太刀先より足さきまで、やわらかに乗り候なり」とあるようにその打ちは「やわらか」、また別の個所に「ゆるゆると」とあるように「拍子」を替えて打つところに違いがあった。第14ヶ条には「いずれの太刀にも先はあり。敵の思いも寄らざる事して、拍子ちがいにして先を懸くべし」とある。『兵道鏡』は敵と我との間の「拍子」が問題であり、「身」と「太刀」と「心」のずれは問題となっていない。

一方『円明三十五ヶ条』では「身」と「太刀」と「心」との間のずれが「空」の問題として自覚化される。

第14ヶ条では、身は打つ攻めを見せるが太刀は後から打つ。そのためには心が打つ身と一緒にならないで「空」になっていなければ起こりが見えてしまう、と説いた（94ページ参照）。

第18ヶ条では、敵が太刀で打とうとせず身体で攻めてくる場合、こちらは身では打つ素振りを見せないで空にしておいて心と太刀で敵の太刀は抑えて行くと、敵は打ってくると思い打つ動きを出す。武蔵は「動きでれば勝ち易し」と説いている（80ページ参照）。

第21ヶ条では「拍子の間を知る事」として、我が身を動かさず太刀の起こりを知らせず、つまり身も太刀も空にして瞬時に一拍子に打ち、無念無想では心と太刀は空にしておいて、身で打つぞと攻め、相手が攻めに対応できない「気の間（あい）を、空より」強く打つ、と説いた（85ページ参照）。

空を打つとはすべて太刀と身と心の身のずれを打つことである。しかし身も心も太刀も空と言ってもゼロではない。

空は単に太刀と身と心の時間差の問題ではなく、「空の心」ともある様に心の問題であり、『五輪書』には「太刀に替わる身」で「敵を打つに、太刀も身も、一度には打たざるものなり」と分かりやすく説明されている。『兵道鏡』と『円明三十五ヶ条』の一番大きな違いは術理に「空」が入ったことである。武蔵が50歳で得た兵法至極とは「太刀と身と心」の間に空を入れることである。

『五輪書』では「兵法の戦いに、その敵くの拍子をしり、敵のおもいよらざる拍子をもって、空の拍子を智恵の拍子より発して勝つ所なり。いずれの巻にも、拍子の事を専ら書き記《しる》すなり」と空を拍子と結び付け、全ては拍子の問題であるとしながらも『円明三十五ヶ条』の「一拍子の打ち」からも、「流水の打ち」と名の替えられた「後れ拍子」からも、「枕の押さえ」からも、『五輪書』においては「空」の文字が消えている。

「空」を柳生宗矩の『兵法家伝書』にならって精神的なものとするために術理としての空を少なくし、「空」を「空之巻」に移動させるための恣意的な措置である。ただし「無念無相」の空だけは「一大事の打ち」で「この打ちたびたび出合う打ち」であるがゆえに空を外すことはできなかった。私は門人たちに武蔵の術理を理解するためには誤解を受けやすい「空」ではなく「水」で理解するようにと話している。

日本人は空や無が好きである。空や無と言ったらそれだけで高い境地にいると言わざるを得なくなる。よって、武蔵が用いた〝空〟もそのように解釈し、あたかも悟りを得た哲人であるかのように描かれる傾向がある。

しかしこれは全くの誤解である。

『五輪書』における「地之巻」から「風之巻」までの、ひたすら勝つことを求め、ひとを「斬る」「斬る」と繰り返し、自分より強い者があるだろうかと豪語する「傲慢不遜」な武蔵像は、「空之巻」にいたって否定することができると考えるのであろうか。

『五輪書』を冷静に読めば、その内容は仏教一般や禅でいう「空」とはあまり関係がないということは明らかであろう。

現在一般認識としてあるように、『五輪書』を武蔵本来の考えであると考えると、いささか実像とかけ離れて来る。

武蔵は「元和偃武」の時代になっても戦いというものは止むものではない、という信念を死ぬまで持っていたのである。柳生宗矩が無理やり剣の本質を「活人剣」という思想に押し込めてしまったとしても、武士の本質は勝つことを求めるものであり、剣の本質は「人を斬る」勝人剣であるというのが、武蔵が生涯捨てることのなかった信念なのである。

武蔵は自分が「太平の世に無用になった兵法者」などとは決して考えていなかった。武蔵は遺言で細川藩を護るために甲冑を着て藩主の参勤交代の街道脇に葬られている。武蔵が求めたのは「まことに役立つ兵法」であって、もし本当に泰平な世が来たと信じることができたら、剣など捨ててしまったであろう。武蔵は「元和偃武」とも「禅仏教」とも違った世界に生きているのである。

④期を知る

『円明三十五ヶ条』（第35ヶ条）

三十五、期《ご》を知ると云うは、早き期を知り、遅き期を知り、のがれる期を知り、のがれざる期を知る。一流直道《じきどう》と云う、極意の太刀あり。この事口伝なり。

「のがれる期」「のがれざる期」を知るとは正にこの一瞬こそ「直道の太刀」を振る期だと一念に思い、打つのである。その一瞬がどの一瞬なのか（ここぞという期より早いのか、遅いのか）をとらえる事こそ重要と説いている。

〝直道〟とは『兵道鏡』から『五輪書』にかけてすべてに登場する言葉だが、『兵道鏡』にのみ説明がある。

そこから引用すると、「直道の心魂と云うは、太刀追取、その太刀応ずる位を見合いて構え、打つ位の星（目標）を見て、間をよく積み、打たんと思う時、惣《すべ》ての力を入れて、たとえ大地は打ち外すとも、この太刀の努々外れる事あらじ、もし外れんならば、負けぞと思い切りて、少しも怖れる心なく、一念に星を打つべし。」（『兵道鏡』慶長12年改稿「直道の位の事」↑直通が直道となっている。）となっている。

つまり、迷いなく打つ事だ。本当に迷いなく打つためには、今がまさにその期であると、とらえられなければならない。まだその期でないとも、とらえられなければならない。とらえられない限りは必ず迷いが生じているのだ。

次ページの写真は円明流の勢法十一本目。

相手は上段に刀を構え、自分は左手の中刀の切先で相手の眼をとらえ、左手の刀は腰に差したようにとる「左脇構え」。使太刀が先を懸けて攻め進み、間を越さんとする。相手がこちらの頭を打ってきたその瞬間、左手の中刀で止め、ほぼ同時に右手の大刀で腰を打つ。

人間は誰でも、打って行く瞬間に最大の隙が生じるのは前述の通り。そういう瞬間だからこそ、大刀の斬りが決まるのだ。さて、これが、相手の打ちに遅れをとれば当然ながら斬られてしまう。そもそも上段に取った刀は、即、上からの斬撃が可能。そのために取った勢だ。さりとて、相手がまだ打とうしていない期に、予測で同じ動きに出てしまえば、例えば、少し身を引かれてかわされた瞬間、自分は両の刀を振り出しきってしまった大変な隙が生じてしまう。下手な予測で動くのは、こんな危険もはらんでいる。

と、いう事を考慮すると、なかなか思い切って打ちには行けない事になる。〝かわされたらどうしよう〟

◆円明流　十一本目

1

打太刀（写真右）：雷刀
使太刀（同左）：中刀上段、切先を左眼に指し、太刀は腰に差したように構える（左脇構え）。

2

相懸かりに進む。
打太刀：使太刀の頭を打っていく。

3

使太刀：中刀で相架け止め、足を踏み替え、大刀で腰を打つ。（下から左腕を斬り上げる事もできる）

という思いがよぎる中で、思い切って打ちに行ける訳がない。

ここぞ、という期をとらえられるかにすべてはかかっているのだ。とらえられなければ、いくら剣を振るスピードを速くしても無駄だ。

逆に、ここぞという期がとらえられたら、それだけで最高の打ちができる。

『円明流三十五ヶ条』は、この極めて実利的な条文で締めくくられる。

『円明三十五ヶ条』の最終条は「一流直道と云う極意の太刀」でこの後の後書の「兵法の直道」に対応している。

『円明三十五ヶ条』（後書き）
右三十五箇条、兵法の直道、自他共、実儀に於いて相違あるべからず。この道至らざるは、及ぶべからず。ただ鍛錬肝要なり。秘すべし。云々

一方、『兵法三十五箇条』の最終条36条は「万理一空」の事で、「万理一空の所、書きあらわしがたく候えば、自身御工夫なさるべきものなり」と藩主、忠利に呈上するためていねいな表現になっており、後書きも「右三十五箇条は、兵法の見立て、心持に至るまで大概書き記し候。もし端々申し残す処も、皆前に似たる事どもなり。又一流仕得候、太刀筋のしなぐ〳〵口伝等は、書付におよばず。」最後に「なお御不審の処は、口上にて申しあぐべき也」と藩主・細川忠利に申し上げますとていねいな言い方になっ

ている。この事で「直道（直通）」が武蔵の最終極意であるという点が曖昧になってしまっている。しかし武蔵の極意は最後まで「直道」となっている。

『五輪書』も「火之巻」の最終27条は「岩尾の身という事、兵法を得道して、忽《たちま》ち岩尾のごとく成りて、万事あたらざる所、うごかざる所、口伝」となっているが、本来の術理を扱った「水之巻」の最終条は「直通のくらいという事」である。

尾張円明流四代、八田智義は「直道を以て打つ時は天下に敵なし」と弟子達に伝え、長岡房成は『刀法録』の冒頭で「円明流の祖・新免玄信」は無双の剣なりと言い、「この人教えるに直道を以てす」と記している。

第二章

兵道鏡と実戦（全条解読）

第一章では、『円明三十五ヶ条』の全条文について解読を行なったが、実際、この35ヶ条だけで、もう、ここには、戦うという事における術理的な意味合いでの武蔵の言いたかった事のすべてがあると思う。どの条文も具体的でバランスも良く、これがすべてと言い切れる35ヶ条だ。しかし、本章ではもう一つの気になる伝書の解読をもって、武蔵の教えをさらに具体的に追究してみる事としたい。

武蔵24歳の時に書かれた『兵道鏡』、いわば〝原点〟だ。なお第一章で武蔵の最終的な極意は「直道(直通)」と述べたが、「直道」について詳しく述べられているのが『兵道鏡』である。

「兵法至極を得た」50歳の時に書かれた『円明三十五ヶ条』と比べれば、術理的には未完成な部分ももちろんあるが、だからこそ、ゴツゴツした手触りの、体験的な論述にあふれており、武蔵が戦った様が目に浮かんでくる。

本章では、『兵道鏡』の条文とともに、武蔵の養子伊織が建てた『小倉碑文』などに記されている史実を参照しつつ、武蔵像をより具体的に追ってみたいと思う。

1 少年武蔵の決闘と養父・宮本無二

まずは13歳と16歳の少年時代の決闘について見てみなければならない。13歳から29歳までに60余度戦ったと言いながら『五輪書』には吉岡一門との三度の決闘の事も、有名な巌流島のことも書かれていない。書いてあるのは13歳と16歳の決闘だけだ。しかも13歳の最初の決闘の相手は有馬喜兵衛、16歳の時の相手は但馬国秋山と名前まで書いている。よほどこの決闘が心に残り、自らの兵法修行の出発点に置きたかったに違いない。この戦いに勝つための術理に重要な気付きがあったのだ。

この2度の決闘については武蔵の養子伊織が建てた『小倉碑文』にも書かれている。『小倉碑文』の冒頭近くに次のようにある。

> 父は新免無二と号し、十手の家をなす。武蔵家業を受け、朝鑚《さん》暮研、思惟考策、十手の利、刀に倍千し、はなはだ以て夥《おびただ》しきことを灼知《しゃくち》す（明らかに知る）。然りといえども十手は常用の器には非ず、二刀はこれ腰間の具にして乃ち二刀を以て十手となせば、理その徳に違うなし。故に十手を改めて二刀となせば、家の誠武剣の精選なり。或は真剣を飛ばし、或は、木戟（木刀）を投じ、逃ぐる者、走る者は能《よ》く逃避する能わず、その勢、強弩《ど》（強弓）をはっするが如く百発百中、養由《ようゆう》（中国の弓の名人）もこれを踰《こ》ゆるなし（武蔵を越えることはない）。

武蔵が投げ剣で「百発百中」の名人であったことを長々と告げた後で2度の決闘について述べており、それ以外に投げ剣で勝った戦いについては何も書かれていないという事は、この2度の戦いでは武蔵は剣を投げつけて勝利したことを暗示している。投げ剣ならば13歳の少年でも勝つことができる。

なぜ少年武蔵が投げ剣の名人になったのか。それを知るためには武蔵の生い立ちを見なければならない。

宮本武蔵は天正十年（1572）、播磨（兵庫県南部）の名門である赤松一族の末裔、田原家貞の二男として播磨の米堕村に生まれ、幼少の折に同じ赤松氏の宮本無二の養子となった。

播磨は武蔵が生まれる4年前の天正六年（1568）、全国統一を目指す織田信長と西国の雄・毛利氏が対決した播磨合戦の戦場となった。武蔵の実家を含めて赤松一族はほとんどが毛利方に付いたが、宮本家は主家である新免氏に従って秀吉に味方した。播磨合戦は秀吉の勝利に終わった。この戦いで宮本無二は片手に十文字の槍を持って敵七人と戦い勝利を得た。

> 則種（新免家の当主）の家臣宮本無二之丞は、十文字の槍術を肝練《たんれん》せり。赤田ヶ城において、無二之丞一人にて、敵七人に出合い、十文字の槍を以て勝利を得たり。これによりて、則種より新免の氏を許すと云い伝う。
> （『新免氏系譜』）

一方、秀吉に負けた田原家は秀吉の身分法令によって武士から百姓階級に落された。そこで田原家は同じ一族である新免宮本家に武蔵を養子に出して、田原家の武士としての血を残そうとした。武蔵が『五輪書』

の冒頭に「生国播磨の武士新免武蔵」と書いたのは、実家が武士であること、養家宮本家が「新免」を名乗ることを許された武士として名誉の家であることを強調したかったためだ。

武蔵の養父・宮本無二は播磨合戦の活躍で分かるように、なかなかの武芸者だった。かつて室町幕府最後の将軍・足利義昭の前で「扶桑第一の兵術者」と言われた幕府の兵法師範、吉岡憲法と試合し、無二が3度のうち2度勝って、将軍義昭から「日下《ひのした》無双兵術者」の号を賜った。

宮本無二は自分が編み出した兵法を「当理流」と名づけている。その術の中には家業となった十文字槍を遣った十手術、小太刀、捕縄術、二刀も含まれていた。

慶長三年（1598）に無二が水田無右衛門という門弟に授けた「当理流目録」がある。細川藩士の安場家伝来のものであり、細川家は当時、丹後、宮津（現・京都府宮津市）の領主であったが、水田無右衛門との関係も無二がどこでこの目録を授けたかも不明である。前文に次のように書かれている。

それ兵法の水源を尋ねれば、諸流共に以て奇なり。然りといえども多くは、頸に股《もも》を替え、また肉に骨（肉を切らせて骨を断つ）と云々。ああ、愚かなるかな。たとえば、剣を去って（舟から水中に剣を落として）舷《ふなばた》を刻むに似たり（中国の故事：状況の変化に応じられないたとえ）。

予の秘術は、懸待表裏を積るゆえ、兵法、三学より入り、過現未（間合い）を見開き、この妙術、それ敵の転変に随って作し、その理を得ること、秘中の秘なり。

三　学

差合伐　　三拍子口伝

過現未　　太刀積口伝
飛當剣　　積目付口伝
（中略）
開山　天下無双　宮本無二斎　藤原一真
水田無右衛門殿　　参
慶長三年黄梅廿四日

この目録の前文の「懸待表裏」「敵に随って転変」「三学」などは新陰流の用語でもあり、無二は柳生新陰流もよく知っていたと思われるが、無二と新陰流との関係は不明である。さらに「差合伐（指合切）」「有無二剱」「過現未」「陰位」「陽位」「是極一刀」などは武蔵の『兵道鏡』でも使われている。武蔵は、最初は養父の当理流から出発したと思われる。

無二は武蔵に子供の時から英才教育をほどこした。特に無二は十手の家であったので武蔵に十手を教えた。当時の十手は十文字槍とも呼ばれ、短く片手で扱える武器であった思われる。受けて突くだけでなく投げることもできた。

武蔵は投げる事に特別な才能を示した。武蔵は武士がいつも腰につけている二刀を十手の代わりにすれば便利であると考え、二刀の技だけでなく、脇差を投げる鍛錬をして百発百中になった。

13歳と16歳の決闘は、おそらく「日下無双」の名のある無二が申し込まれた勝負であったに違いない。武蔵の投げ剣の才能に、これなら勝てると見た無二が武芸者との戦いを勧めたのかもしれない。後で述べ

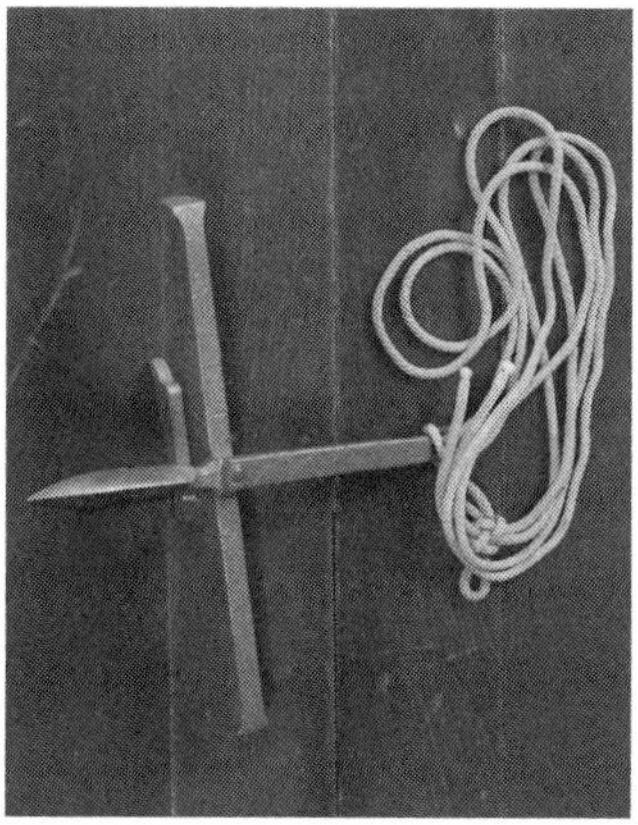
宮本無二の当理流から出た鉄人十手流で用いられたと言われる十手

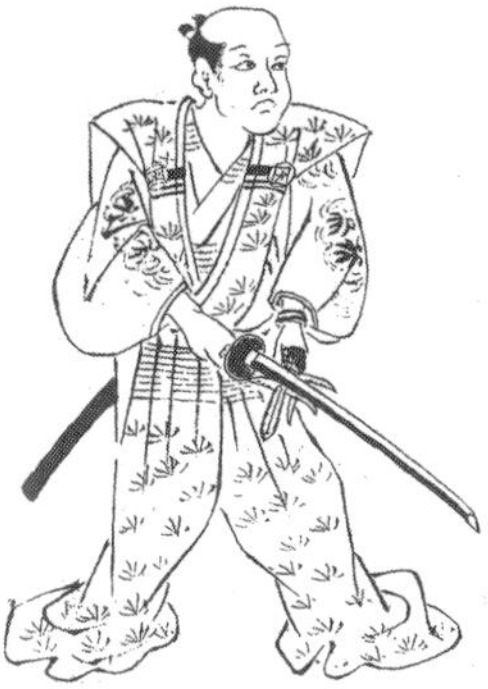
十手と太刀を携えた江戸時代の絵がいくつか残されている。（『実手流秘伝絵巻』「実手捕」より。故荒関富三郎氏蔵）

るように巌流島の決闘も無二の代理戦争だった。無二は武蔵を武芸者として育てたのであって、普通の親子関係でとらえるべきではない。

武蔵にとっては自分の武芸者としての出発点となった少年時2度の決闘を子供の伊織にしばしば話して聞かせたのだろう。『丹治峯均筆記』に少年の武蔵が養父の技をバカにして、養父が揚弓を削っていた小刀を投げたのを武蔵はひらりと躱して、そのまま家出したという逸話が載せられているが、これは武蔵が少年の頃から投げ剣に才を示していたという言い伝えから創作された話かもしれない。

『宮本家由来書』には「伊織に剣を伝えず」という記録がある。武蔵の実兄の二男である伊織が15歳で武蔵の養子になったのは、寛永三年（1626）、戦国の世は終わり「元和偃武（太平の世になり武器を伏せて用いない）」の江戸時代になっていた。

伊織は長じるにつれ剣に興味を示さず治世に並外れた才能を示し20歳で小笠原藩の家老となっている。その後、島原の乱では藩兵を率いて出兵している。武蔵は小倉藩と一体となって戦った中津藩の騎馬武者として出陣して、投石で足に怪我をしている。

伊織と武蔵と間には生涯よそよそしいものがあった。あまり一緒に暮らした形跡がなく、武蔵が亡くなったとき、武蔵の武具を細川藩の門人は伊織に送ったが、伊織は、自分は剣を受け継いでいないのでといって送り返し、葬儀にも出席しなかった。武蔵の死後、小倉山に武蔵を顕彰する碑を建てたのは養父に対する贖罪の気持ちがあったのではないだろうか。

話を戻すが、武蔵は19歳で関ヶ原の戦いに主家の新免家に従って西軍の主力、宇喜多秀家軍に参加して敗れている。一方、無二は当時、かつての同僚で今は徳川家の大名となって姫路から九州の豊前中津の藩主となっていた黒田長政に呼ばれて黒田藩で兵法師範となっていた。無二は九州の関ヶ原と呼ばれ石垣原《いしがきばる》の戦いに東軍として参戦、勝利している。負けた武蔵は新免家と共に養父がいる黒田藩を頼った。黒田家のかつての主家である新免家は黒田藩に召し抱えられたが、武蔵の居場所はなかった。無二はその後細川藩領である豊後杵築で道場を開いた。

『五輪書』の冒頭には2度の少年時の決闘に続けて「二十一歳にして都へ上り、天下の兵法者にあい、数度の勝負をけっすといえども、勝利を得ざるという事なし」とあるが、武蔵が21歳で京に武者修行に出たのは、足利将軍家の兵法指南であった吉岡憲法を破って「日下無双」と言われた養父無二を超えるために、京で憲法の息子で当主となっている清十郎を倒すためであったと思われる。

2 青年武蔵と吉岡兄弟の決闘 『兵道鏡』第1ヶ条

こうして慶長九年（1604）23歳で吉岡一門との三度の決闘となる。

当主・吉岡清十郎は昔、父・憲法が武蔵の養父・無二に敗れているので、ほとんど無名の若者からの決闘の申し出を断らなかった。むしろ父の汚名を晴らすことができると喜んだかもしれない。

この戦いについて『小倉碑文』には次のようにある。

> 扶桑（日本）第一の兵術、吉岡という者あり、雌雄を決せんことを請う。彼の家の嗣（跡継ぎ）清十郎、洛外蓮台野において龍虎の威を争い雌雄を決すといえども（武蔵の）木刃《ぼくじん》の一撃に触れ、吉岡、眼前に倒れ伏して息絶ゆ。かねて一撃の約あるにより、命根を輔弼《ほひつ》す。

都第一の兵法家と名の高い清十郎は武蔵が二刀流を遣うことや、一刀は投げ剣に遣うこともあるなど噂は聞いており、この時も武蔵は二本の木刀を持ってくると予想したかもしれない。しかし「木刃の一撃」で倒されている。

武蔵は投げ剣もせず一刀で勝っている。「かねて一撃の約」～倒れたらそれ以上は打撃を加えないという約束があったので清十郎の命は助かっている。

この後、清十郎の弟伝七郎との真剣勝負、さらに吉岡一門との三度の決闘に勝利して「兵法天下一」となったという自負の元、養父の当理流から離れ円明流を創流し、翌年24歳で円明流の術理書『兵道鏡』を書いている。その跋文で、この書は「今古無双の兵法」の書であり、「無類の秘事等」を書き付けたと言う。この兵道鏡に3度の決闘に勝利した理由があると思われる。

第一の決闘については第一条の冒頭に書かれている。

翻刻は森田栄『日本剣道史第十一号』を元に魚住孝至氏が『宮本武蔵』(ぺりかん社)で翻刻したものを使用し、読みやすくするために平仮名は一部漢字に直し現代表記に改めた。さらに2014年発行の森田氏の『宮本武蔵正伝』の翻刻も参照した。

『兵道鏡』(第1ヶ条)

一、心持ちの事　付たり座の次第

心の持ち様と云うは、まず仕合せんと思う時、平生の心よりは、なお静かになって、敵の心の内を引き見るべし。敵、にわかに声高くなり、目大に、顔あかく、筋骨立て、すさまじげなるは、ちうち(地打・力まかせに打つ、か)をねろう下手なるべし。左様のものには、なお静かに心をなして、敵の顔をうかくと見て、敵の気に逆らわざる様に見せて、太刀を取りて、笑いて、上段の下に太刀を構えて、敵(が)打つ所をゆるくと、外すべし。さて、敵の気色《けしき》、異な心なると疑う様なる時、打つべきなり。(120、124ページに続く)

武蔵は敵との戦いで最初に重要なのは敵の心を見ることであると言っている。心といっても具体的には敵の身体の状態である。吉岡一門の当主清十郎の顔の状態を観察し、恐らくは目が開いて顔が赤くなっているのを見た武蔵は、戦う気満々になっている清十郎に笑いかけたのではなかろうか。

ほとんど無名の若者に笑われた清十郎は怒って居丈高に力一杯に打ち懸かっただろう。しかし最初から打ち合うつもりのなかった武蔵は相手の太刀をゆるゆる外した。打ち合いになると思っていた清十郎は「おや？」といぶかった。大道場の当主として打ち合いには絶対の自信があっただろう。しかし武蔵は打ち合わなかった。拍子を外され、「おや？」と思った清十郎の心にゆるみが生じ、この隙を武蔵は「ここだ」と急の拍子で必殺の一撃を振り下した。このゆるゆると外す違う拍子が武蔵の作戦だった。

13歳と16歳の戦いで脇差を投げて勝利した武蔵は、敵に思いがけないことを仕掛けることが勝つための最大の方法であるということを学んだであろう。しかし3度同じことはできない。そこで自尊心の強い清十郎にバカにするように笑いかけた。笑うことが先を懸けることであると考えたのである。

「先を懸ける」に武蔵最強の理由がある。『兵道鏡』の最終章「二十八、直通の位」にその事が書かれている。

『兵道鏡』（第28ヶ条）

二十八、直通の位

先をかけ見るに、敵打つ所の星（敵の狙い処）、見ゆるものなり。その時、・・・・一念に思う所の星を・・・・ここそ直通一打の所なれば、力に任せて打つべし。

〝直通〟は前章でも触れたように、『円明三十五ヶ条』そして『五輪書』にも出てくる言葉で、「ここぞという期に迷いなく打つ」事だ（104ページ参照）。『五輪書』の年齢に至るまで大事にされ続けた極意は、すでに武蔵20代にして見出されていた。

次に弟の伝七郎との決闘となる。伝七郎は力強い相手であったようだ。『兵道鏡』では次のようになる。

『兵道鏡』（第1ヶ条）（続き）

一、心持ちの事

また人により、仕合に望む時、言《こと》静に、目ほそく、筋骨も出ず、太刀取る力なき様に見て、太刀握りたる指、浮きて持たば、上手なりと思い、あたりへ寄せず、先をかけ、つる〳〵と懸かり、追い払い、はやく打つべし、上手にゆるくすれば、しちように懸かる（追い詰められる）ものなるべし。見合い肝要なり。

伝七郎の太刀を握る手を観察して強い敵と見た武蔵は、強い相手にゆるく懸かれば勢い強く懸られて追い詰められると判断して一気に攻め立てたのである。敵を前にした時、敵が強いか弱いかの見合いが最初に肝要である。強敵・伝七郎に苦戦した様子は武蔵の養子の伊織が建てた『小倉碑文』で伺える。

しかる後、吉岡伝七郎、五尺余の木刃を袖にし来る。武蔵その機に臨み（隙を見て）彼の木刃を奪い、これを撃ち、地に倒す。たちどころに死す。

激しい打ち合いの中でここだという「直通の一打」を打つ機が生まれなかったので武蔵は「その機に臨み、彼の木刀を奪い」とある。どうして木刀を奪う機が生まれたのだろうか。推測でしかないが、木刀を急に捨てたのではないだろうか。伝七郎は「おや？」といぶかった。しかし強敵である伝七郎はその瞬間も隙を見せなかった。その瞬間、武蔵は体当たりをして伝七郎を突き飛ばし、木刀を奪って打ち殺したのだろう。五尺余りの木刀を持ち、打ち合いに絶対の自信のある伝七郎は木刀を捨てるなど思いがけなかったにちがいない。第1ヶ条に「敵の気色異な心と疑う様な心なる時、打つべきなり」とあるように、体当たりしてひるんだ隙を打ちすえた。

2度の戦いは、『兵道鏡』で勝ち方を論じた第二部「勝ち味の位」の冒頭の第14ヶ条「先を懸くる位の事」に「いずれの太刀にも先はあり。敵の思いも寄らざる事して、拍子ちがいに先を懸くべし」とあるが、これを地で行った戦いだったのだ。

弱い敵に最初に笑いかけるのも「敵の思いも寄らざる事」の一つだ。こうした敵の動揺を誘う作戦は『五輪書』で戦い方を論じた「火之巻」では第13条「むかつかせる（苛立たせる）」、第14条「おびやかす」（恐ろしがらせる）、第17条「うろめかす（動揺させる）」として展開されている。「おびやかす」には「思いもよらぬことにおびゆる心なり」と説明されている。しかしやはり「笑いかける」がこちらは余裕を持つことにもなるので「思いもかけぬこと」としては特出した方法だ。

『五輪書』の「火之巻」には心理陽動作戦というべきものが多く書かれている。後でも論じるように、最初に書いた『兵道鏡』は死の直前に書いた『五輪書』と最も関係が深い。

3 吉岡一門との決闘『兵道鏡』第24ヶ条

3度目の一条下り松の決闘は一対一ではなく大勢の吉岡一門との間で行われた。吉岡一門は面子《めんつ》を立てて武蔵に試合を申し込んだが、大勢を相手に武蔵が一人で来るとは思っておらず、恐らく武蔵は逃げると思っていたと思う。しかし武蔵は一人で戦うことを選んだ。絶対勝つという勝算があったに違いない。なぜか。『小倉碑文』を見てみよう。

「吉岡門生冤《えん》（恨み）を含み、密かに語って云わく、兵術の妙を以て敵対すべきところに非ず（剣術ではかなわない）。帷幄《いあく》に籌《はかりごと》を運《めぐら》し、吉岡亦七郎（清十郎の子）、事を兵術に寄せ（試合だと偽って）、洛外下り松の辺に会す。彼の門生、数百人、兵仗弓箭《きゅうせん》（弓矢）を以てたちまちこれ（武蔵）を害せんと欲す。武蔵平日（日頃から）知機の才あり。非議の働き（卑怯な動き）を察し、ひそかにわが門生にいう。云わく、汝ら傍人（第三者）となり、すみやかに退け。たとえ怨敵群れを成し、隊を成すとも、われにおいてはこれを見ること、浮雲の如し。何ぞこれを恐れるあらん。散衆（烏合の衆）の敵なり。走狗《そうく》（走る犬）猛獣を追うに似て震威して（武威を振るって）帰る。洛陽（都）の人皆これを感嘆す。勇勢智謀、一人を以て万人に敵する者、まことに兵家の妙法なり。

吉岡一門はどんな謀《はかりごと》をめぐらしたのか。試合だと偽ったのだから、清十郎の敵討ちという事で子の亦七郎を名義人に立て、子供なので助太刀を付けると言ったに違いない。当方は2、3人付けるので、そちらも同じ数の助太刀を連れてくるように、ただし一門の戦いとなるので門人たちが見届けに参集するが手は出さないなどと申し出たであろう。大勢で戦えば京都所司代の取り締まりの対象となるので、仕合の支度は亦七郎と助太刀だけにして門人達は平服で集まる算段であったろう。『小倉碑文』では「数百人」とあり、大げさと思われるかもしれないが、私は真実を表現していると思う。一門の名誉をかけて門弟が全員集まったのではないか。もちろん戦いになるなどと思っていなかっただろう。仇討ちをしようとしたという体面が大切だったので、門人達は武蔵が恐れをなして逃げたと言いたかったのだ。

武蔵を題材とした小説や映像、漫画のほとんどが50人から70人の吉岡勢が決闘に臨む武装をして気勢を挙げて武蔵を待ち構えているが、普通ならそんな場に武蔵が現れると考える事はあり得ない。

しかし武蔵は日頃から相手の思惑を見抜く才があったので、介添えの2、3人ではなく大勢が懸かってくる事を察知していた。逃げても不名誉なことではない。吉岡方はそれを望み予測していたに違いない。しかし武蔵は決闘に指定された場を含め自分が置かれた場＝状況に勝算を見つけた。

敵の大将は少年であり、その助太刀は2、3人であとは烏合の衆であると推測した。大将一人を殺して自分の勝利を保証し、後は動揺して打ち懸る周りの4、5人を倒し比叡山の麓に広がる藪の中に逃げる事に徹すればよいと判断したに違いない。第1ヶ条の「心持ちの事」は「付たり　座の次第」となっている。戦いにおいてまず重要なのは心構えの次は場を見ることである。

宮本無二の当理流系から出た鉄人実手流の、二刀を背にした構え「真乱」（故荒関富三郎氏蔵「実手流秘伝絵巻」より）

『兵道鏡』（第1ヶ条）（続き）

また座の次第の事。座は広くてもせば（狭）くても同じ事なり。両へ振り廻す太刀の、後ろへ当たらざる程に出て居、太刀およそ構え、つるくと（素早く）懸かり、太刀合いを積る（間合いを詰める）べきなり。太刀、後ろに当たりぬれば、きちかいして（拍子が狂って）、しちょうにかかる（追い詰められて慌てて懸かる）ものなり。もし上つまりたる時には、我が太刀先にて程をくらべて、心得て、いずれの太刀になりとも、つかえざる太刀にてすべし。あかき（明るい）所を、後ろになしてすべし。平生稽古の時よりは、心やすく、自在にしたき事をして、いかほどもゆるくとしたる心にて、大事にかくる事肝要なり。転変肝要なり。

二刀の太刀を後ろに開いて構え、足早く懸かり間合を詰め、その瞬間二刀を後ろで打ち当てるとある。やって見ると肩甲骨がよほど柔軟でなければできない身体操作である。そうすると敵は「きちかいて、しちょうにかかるものなり」とある。「しちょうに懸かる」は国語辞典では、囲碁の用語で「追い詰められる」とある。『兵道鏡』では五ヶ所用いられており、最初（120ページ）の例は我が「追い詰められる」で意味が通るが、ここでは「追い詰められて慌てて懸かってくる」と理解しておく。太刀ではなく身体で攻めてきて、間を越す瞬間、敵の後ろの二刀がバシンと音をたてるので敵は拍子が狂ってどう対処していいか分からず追い詰められて慌てて懸かってきたのである。この太刀筋は『兵道鏡』第24条「多敵の位の事」に二刀を後ろに「行き合うほどに構え」とある。

「明るい所を後にして後になしてすべし」は『五輪書』の戦い方を論じた「火之巻」の第1ヶ条「場の次第の事」に書かれている。

朝日を背にして相手の目が眩む場所を見極めた武蔵は木陰から飛び出して油断していた敵を後目《しりめ》に亦七郎を一刀のもとに倒した。その後の大勢の一門との戦いについて武蔵は『兵道鏡』第24ヶ条「多敵の位の事」に臨場感あふれる書き方をしている。

『兵道鏡』（第24ヶ条）

二十四、多敵の位の事

敵多き時は、身をむまき（真向き）にして、左足を少し出して、一度にすべての敵を見る目遣いにて、敵の強く、つるくと（足早に）懸かる方《かた》へ、我走り寄りて打つべし。構え様は、刀（脇差）を左の後ろに構え、太刀を右の後ろへ、両の手ながら、とっと伸ばして構え、胸、足を出し、太刀、刀の先、後ろにて行き合う程に構え（写真①）、敵にかならず当たらんと思う時、右足を出して、敵の目の通りを、太刀、刀、一度に振り出し、太刀の手、上になる程に振り、そのまま振り返し（写真②③）、また左足を踏み出し、本《もと》の構えのごとくにすべし（写真④）。振る時、胸をいかほども懸かりのばす様にすべし。我が左のかたの者に、よく当たるなり。転変肝要なり。太刀数多く振る事悪しく、先を懸くる事肝要なり、口伝多し。

大将を倒して自分の勝利を確保した後、武蔵は後は逃げるだけと判断した。しかし武蔵は敵に背を向けて逃げないで自分に懸かってくる敵に向かっていった。逃げれば大勢の敵が自分の後ろや周りから取り囲み武蔵はなぶり殺されることは疑いなかった。武蔵は逃げないで自分に一番近い、しかも強そうな敵に懸かっていった。普通は弱いほうに懸かる。しかしそれでは近くまで迫った強い敵は後ろから斬りかかる。強い敵に懸かれば周りの敵は強い味方との戦いを傍観する気持ちになり、自分も同時に斬り懸かろうとはしないだろう。そこに武蔵に有利な状況＝場が生まれる。では強い敵に武蔵はどう向かっていったのか。

敵に懸かっていく場合、普通は攻撃や防御がしやすいように敵と自分の間に太刀を置く。しかし武蔵は二刀を後ろに引いて構え、「胸と足を出し」つまり身体で相手にぶつかっていく。向かわれた敵は普段は戦いの場合の初めとなる太刀と太刀の間合いが判断できず一瞬戸惑う。普通の太刀の間を刀ではなく身体で越した武蔵は、相手を斬れる間合いで後ろに構えた二刀を敵の目の前で交差させた。敵は斬ってこないので驚いて後ろに身を引いたに違いない。

この後の実際に敵を斬る太刀筋は『兵道鏡』にはどこにも書かれていない。しかしそれが分からなければその後の戦いは分からない。そこで私は次のように推測する。

自分に斬りかかったと思った敵は武蔵の太刀が自分に届かず目の前を通り過ぎ、再び二刀を両脇に広げて構えたので、「しめた」と武蔵に斬りかかる。その斬りかかる太刀筋こそ武蔵が待っていた太刀筋だった。どう斬ったかは書かれていないが、敵は武蔵の二刀が両脇にあるので、がら空きになった頭に斬りかかるだろう。武蔵はそれを二刀のどちらか（斬ったあと逃げる方向に向かいやすい方向の太刀か刀）で受けて廻し打ちに敵の後ろに回って敵の後ろを斬り、即座に逃げたい方向にいる敵に、再び二刀を後ろに構えて向かっていったのだろう。一番不用意な自分の後ろは今斬った敵が障害となって守られている。

こうして向かってくる何人かの敵を追い回しながら、武蔵は比叡山の麓に広がる藪の中に消えていった。斬った敵は多くても3、4人だったろう。それ以上斬れば時間がかかり、周りに控えていた多くの敵が武蔵の周りに集まって武蔵は逃げきれなくなってしまう。逃げる事が先を懸けるための最大の方法だった。今のところ、この太刀筋によってこそ武蔵の多人数との戦い方が説明できると考えている。

この太刀筋は私の推測であるが全く根拠がないわけではない。私が大坪伝新陰流を習った鶴山晃瑞先生が60歳で急死された後、鶴山先生の高弟の稲益豊氏と合気柔術と柳生新陰流の稽古を続けた。その時に稲益氏は鎧を着けた場合の体裁きである合気柔術の「六方《ろっぽう》・千鳥《ちどり》」は、太刀を遣えば多人数相手の戦い方となると言って一刀で教えられた。その後円明流を学ぶようになり、不明であった「多敵の位」に応用してみると思いの他に上手くいった。

大坪先生は円明流も柳生道場で習われ武蔵の研究者でもあったので、もしかしたら「六方・千鳥」を「多

◆兵道鏡　第24ヶ条「多敵の位」より

『兵道鏡』太刀筋（再現）九本目

1

打太刀（写真右）：雷刀（上段）
使太刀（同左）：敵にまむき（真向・正対）、二刀を広く左右後ろに広げて行き合うほどに構える。

2

3

使太刀：敵に体で向かって行き、ぎりぎりの間境で太刀、刀を左右に敵の眼通りを振り違い、

4

使太刀：元のように両手を広げる。

5

打太刀：辛うじて一歩下がって外し、走りながら頭に大きく斬り懸かる。

使太刀：体を開き、廻し打ち

敵の打ちを受け、

6

打太刀：敵の後ろから敵の背中を斬る。

7

8

打太刀：倒した敵を後ろにし、次の敵に向かう（倒した敵が背後の盾になる）

注：5～8は著者の捕足である。

敵の位」に応用したのは大坪先生の師で植芝盛平に新陰流の体裁きを教えている下條小三郎だったかもしれない。下條小三郎は、木刀を持った何人かの門弟が前後左右から打ちかかるのを、みごとな体裁きで木刀で打ち勝っている。私は一刀で教わった対多敵の太刀筋を円明流の「多敵の位」の研究として春風館関東支部で二刀を使って稽古している。

六方の足運びは歌舞伎の荒事でつま先を45度ほど外側に開く足運びであり、千鳥は千鳥足でつま先を内側に向ける。花魁《おいらん》の道中は高下駄を履いて「六方千鳥」の足運びで練り歩く。

なお晩年の『五輪書』で戦いを扱った「火之巻」の「多敵の位」に「魚繋ぎに敵を追い回し」とあるが、追われるはずの武蔵が逆に魚繋ぎに追う格好になるマジックは前章で述べた通り（48ページ参照）。追いかけながら逃げたという常識破りの戦法こそまさに武蔵の「場の勝利」であった。

後ろに回って敵を斬る太刀筋は溝口派一刀流の「左右転化出身之秘太刀」にもみられる。ただ敵の左右の横脇に転身するようだ。武蔵の場合は敵の後ろまで転身することで斬った敵が武蔵の後ろからの攻撃を防ぐことになる。

3度の戦いで一番重要な要点は敵の状態を見る事と戦いの場を見る事なのだ。従って武蔵は1度目と2度目の戦いを述べた次の第2ヶ条に『目付の事』を置いている。

4 目は敵のどこをみるか 『兵道鏡』第2ヶ条

『兵道鏡』第2ヶ条「目付の事」

目の付け所と云うは、顔なり。面《おもて》を除け、よ〔余〕の所に目を付ける事なかれ。心は面にあらわれるものなれば、顔にまさりたる目の付け所なし。敵の顔見様《みよう》の事、たとえば一里ばかりもある遠き島に、薄かすみのかかりたるうちの、岩木を見るがごとし、また雪雨などの、しきりに降る間より、一町ばかりも先にある、やたい〔屋台〕などの上に、鳥などのとまりたるを、いずれの〔何の〕鳥と、見分くる様なる目つきなるべし。やたいの破風《はふ》、懸魚《げぎょ》、瓦などを見るにも同じ。いかにも静まりて、目を付くべきなり。打ち所を見る事悪《あ》しし。わきは首を振る事なかれ。うか〳〵と見れば、五体一度に見ゆる心あり。顔の持ち様、眉間《まゆあい》に、皺《しわ》を寄すべし。額《ひたい》に、皺を寄する事なかれ。教外別伝たり。

第1ヶ条「心持ちの事」では戦いの最初に「敵の心を引き見るべし」と言い、具体的には顔、目、筋骨、太刀を取る手と具体的に指定している。ここでは心は面に現れるので目の付け所は顔であると総論的に規定している。しかし顔の一点を見よと言っているわけではない「一里ばかりもある遠き島に、薄かすみのかかりたるうちの岩木を見るがごとし」と、また「雪雨などが降る際、一町ばかりも先にある家に鳥などがとまっているのを何の鳥だろうと見分けるような目つきなるべし」と表現豊かに表している。武蔵の文学的センスが伺われる箇所である。

敵のどこに眼を付けるとは別に敵に我のどこに眼を付けさせるかという事が武蔵の剣術では重要になる。武蔵は先を懸けて攻め斬りかかるが、最初の太刀は誘いであって敵を斬る太刀ではない。敵がしめたと思って斬りかかる箇所に敵の目がいくように誘うことになる。敵の眼を誘導し、そこに斬り懸からせるための武蔵の打ちを『刀法録』では「探り打」と呼んでいる。

新陰流、上泉信綱『影目録』の「九箇の太刀」の最後に「目付所秘事也」とある。これは相手のどこに目を付けるという事ではなく、誘ってどこに敵の目を付けさせるかという事だと私はとらえている。武蔵と柳生新陰流は術理の上で共通するところが多いのだ。

5 太刀の使い方

『兵道鏡』第3～5ヶ条

戦いで敵の状態や戦いの場を見る次に重要なのは太刀の振り方だ。武蔵はまず太刀の持ち方を論じる。

『兵道鏡』（第3ヶ条）

三、太刀取り様の事

太刀の取り様は、人さし（指）を浮けて、大指、たけたか（丈高：中指）中（中間）、くすしゆび（薬指）、小ゆびを、締めて持つなり。持ち様は、右も左も同じ事なり。太刀組合いたる構え、太刀の鍔際《つばぎわ》、六寸先に、刀の切先、五寸かけて構え候なり。肘は、かがみたるが悪しく候。されども余りすぐ（直）にては、すくみて見にくく候。右の肘、二寸五分、左の肘、三寸五分、かがみてよく候なり。手首は、反りたるも屈したるも、見にくく候えば、筋骨、立たざる様にすべし。太刀をよく取り候えば、敵も自在に打たれる心候間《そうろうあいだ》（敵を自在に打てるので）かくのごとく取るを本とし候なり。口伝これあり。

太刀の持ち方については『円明三十五ヶ条』ではこれほど詳細に述べられてはいなかった（第3ヶ条18ページ参照）。『五輪書』では再びかなり詳しく述べた条文になるのだが、そこにはない表現も多々ここに見られて興味深い。

親指と人差し指を浮いたように持つと指の間が円くなる。これを柳生新陰流では「龍の口」という。し

龍の口

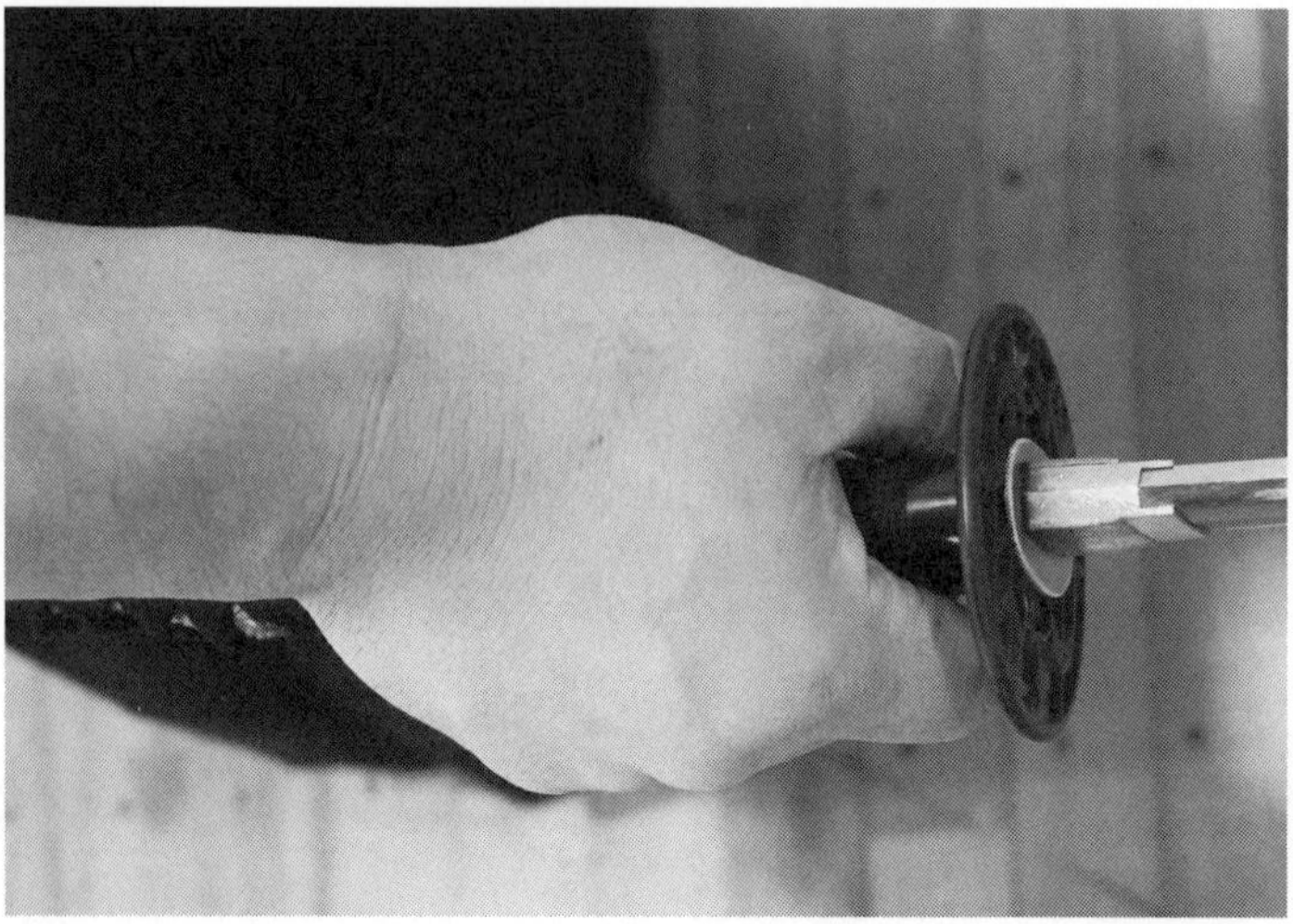

下筋（手の小指から腋下にかけてのライン）を効かせる事によって、全身が繋がり、体幹の力が手まで伝わるようになる。刀法上、この操法が大切と武蔵は説いた。武術では「足は親指、手は小指」といい、いずれも身体の中心軸に近いので力が集中する。

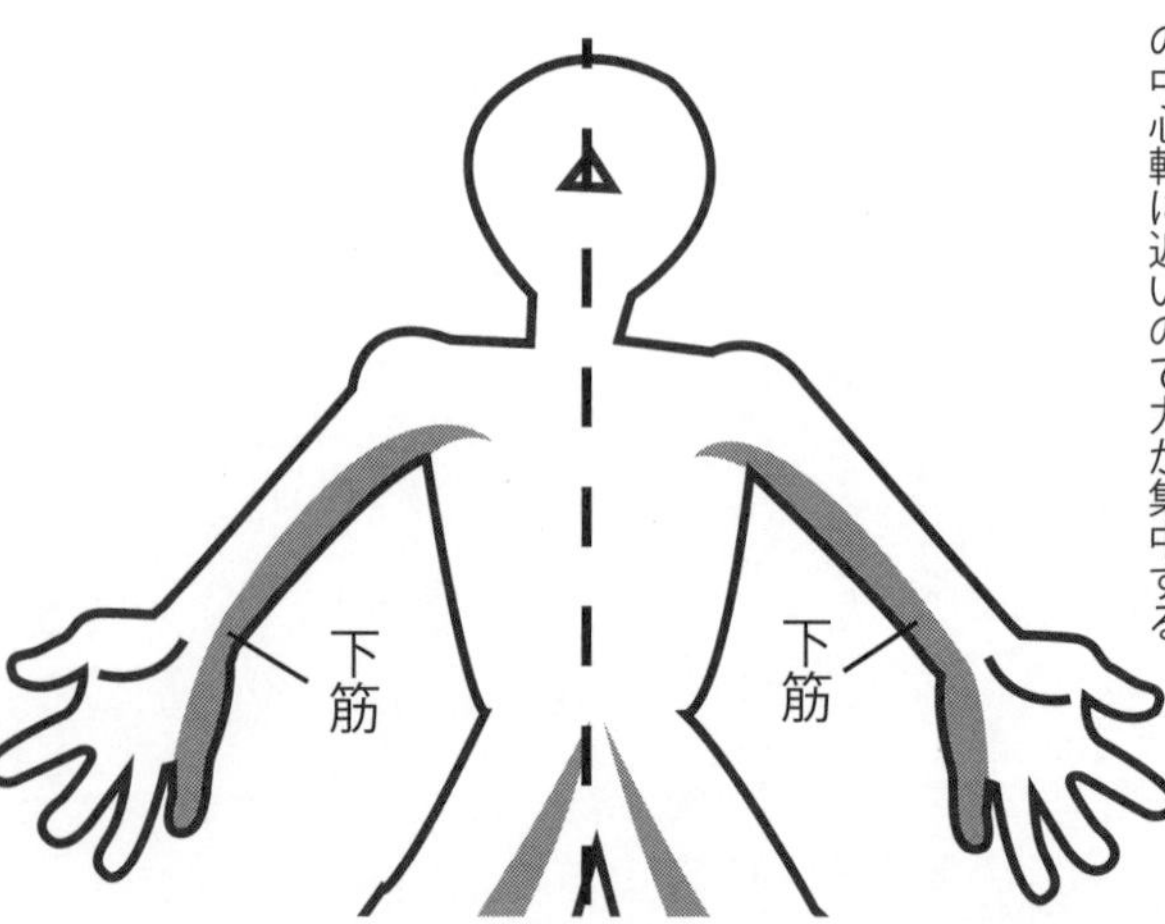

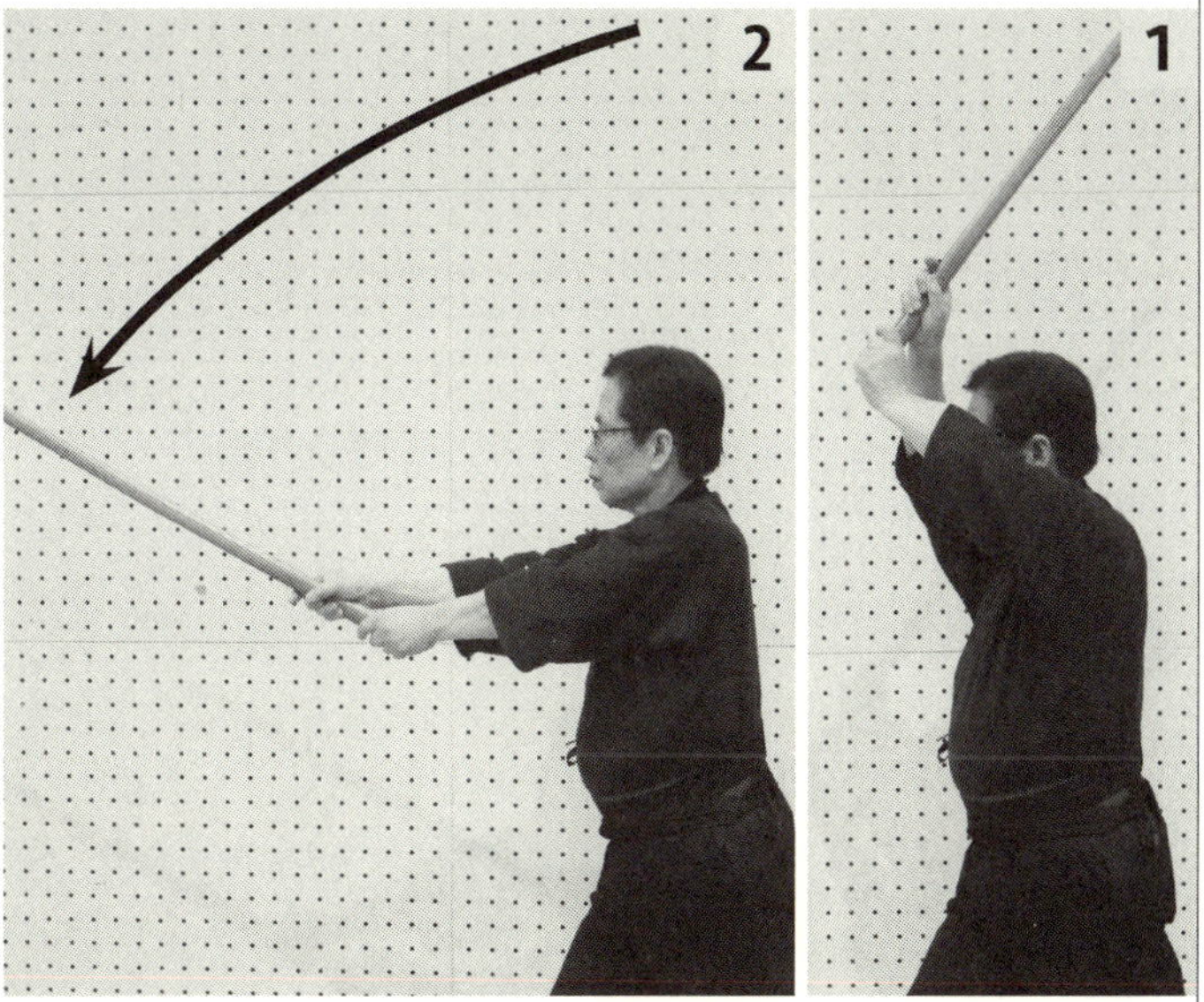

肘に力を取る（肘を曲げ伸ばししない）振りによって、足腰の力が刀にまで伝わる。

かし最初から丸くすることではない。小指を締め刀の柄が手の平の手根骨（私の言う手の踵）の前の小指の前の手の窪みに掛け小指と薬指を締めて持つと、結果として「龍の口」になるように持つ事になる。下筋に太刀筋が合うことが肝要だ。「肘は、かがみたるが悪しく候。されど余りすぐ（真っすぐ）にては、すくみて見にくく候」といい、右の肘は二寸五分、左の肘三寸五分、と屈する寸法まで指定している。

これは肘を曲げ伸ばしすることではない。曲げ伸ばしすると肘が力の支点となり、足腰の力が肘でとぎれ手に伝わらなくなる。私は「肘に力を取る」と表現している。肘は手の下筋と連動している。肘に力をいれることで手の下筋が生きる。

『円明三十五ヶ条』では「太刀取様、手首は屈むことなく、肘は伸び過ぎず屈み過ぎず、

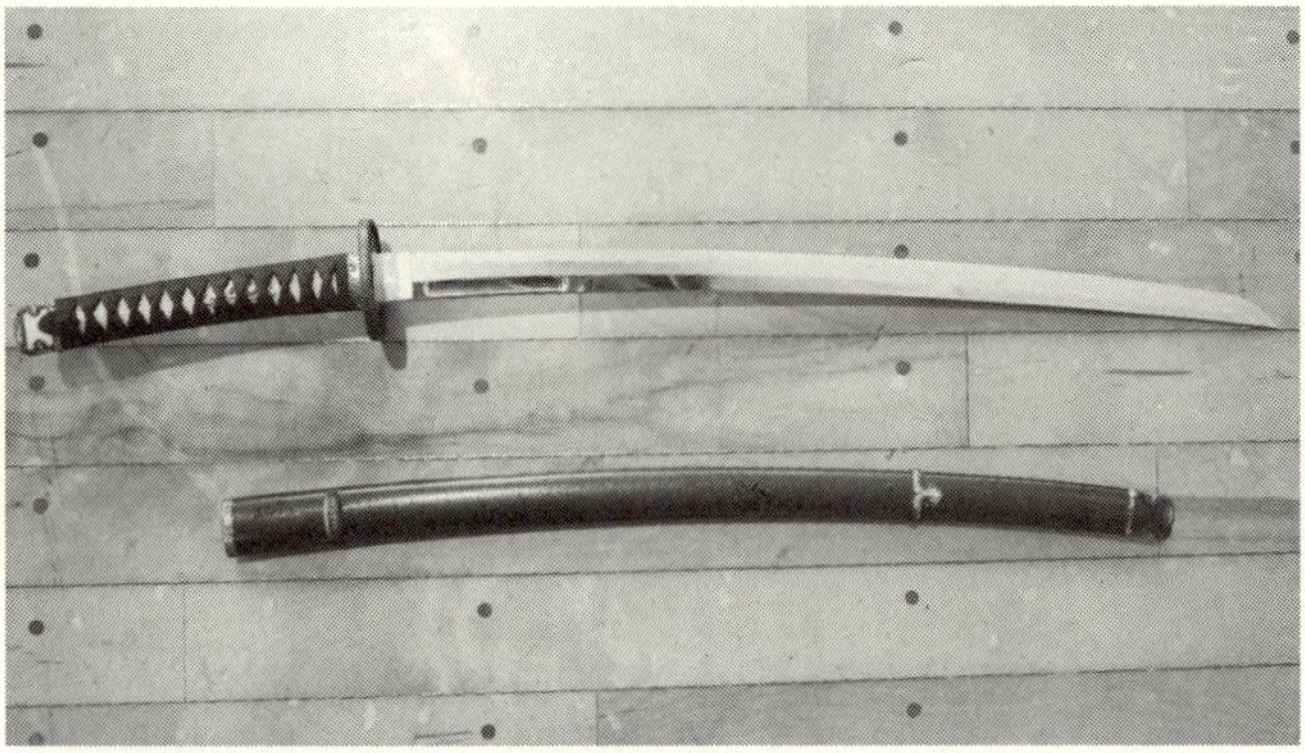

日本刀は刀身がカーブを描いているので、振りによって自然に〝引き斬る〟動きが生まれる。

手の上筋弱く、下筋強く持つなり」とある。

肘と同様に手首も曲げない。手首を曲げると肘と同じように手首が支点となり、足腰の力が途切れてしまう。剣道で二刀を使う場合、刀を長く使うため鍔元ではなく柄頭を握り手を伸ばして打つので手首のスナップを効かせることになる。それでは斬る太刀筋にはならない。太刀は斬ることを目的としている。叩くとその部分に力が集中し刃がこぼれやすくなる。

日本刀は刀身がカーブを描いた湾刀になっているので、斬るだけで自然と引き斬りになる。太刀を両手でなく片手で持つと、太刀を持つ支点が一点となるのでさらに引き斬る太刀筋となる。斬るという太刀操作は一点で当たる打つ（叩く）操作と違い、刃が食い込み、当たる部分が長くなるので刃に与えるダメージが少ない。

なお、「太刀組合たる構え」とあるので円曲の構えである。当時は「太刀の鍔際、六寸先に、刀の切先、五寸かけて構え候なり」とあるので、実際に構えてみると、切ることに主眼が置かれているように感じる。尾張円明流は二刀に切先三寸（15センチ）ほどを交差させている。斬るよりは敵に打ってこさせる構えのように思われる。

太刀を握った後は太刀で斬れる距離〜間合いが問題となる。

『兵道鏡』（第4ヶ条）
四、太刀合いを積るの事
太刀合いを積ると云うは、切先五寸ばかりを過去と云い、物打を現在と見、当たる所を未来と云うなり。（50頁参照）太刀追取る（抜く）と、つるくと懸かり、先ず、過去にて先《せん》をかけ、我が太刀の切先、敵の現在へかからば、はや打つべきなり。過去より現在へ寄るまでの、外す事、抜く事、乗ることなり。現（在）にかかり、待つ事、努々《ゆめゆめ》これなし。過（去）より打てば、打ち外すものなり。また現（在）よりかかりすぐれば、ちうち（地打？）になるものなり。されども、それより近くば、請《う》くべきなり。同じくは止むる事悪しく、とおあた（遠当）りのする事肝要なり。なお口伝これあり。

過去、現在、未来と分けるのは無二以来の事だ。多くの流儀が切先が触れ合う間合いから斬っていくので太刀先15センチまで攻め入るというのは間合いが非常に近い。この場合、太刀で間を詰めるのではなく身体を接近させることになる。そこまで身体で攻められれば相手は後ろに退くか前に踏み込んで斬らざるを得なくなる。そこまで入るのが、武蔵の先を懸ける方法だ。

多くの剣術流派は太刀を抜くと構える。しかしそれでは居付くことになる。太刀を抜くと構えたりしな

「我が太刀の切先、敵の現在（物打ち）へかからば、はや打つべきなり」

武蔵が説く戦いは非常な近接間合い。太刀を差し出すのではなく、体を寄せる。

これでこそ先を懸けられる。

いで「つるつると」足早に懸かり、「過去にて先を懸け」相手が動いたら、そこに現れる隙を躊躇せず斬っていく。

先を懸けて攻め、たまらず敵が打って来たところを斬るというやり方が、武蔵の太刀操作の最後まで変わらない鉄則である。私は立ち合ったら使太刀が先に攻めるように指導している。

次に問題としている「足遣い」も敵への向かい方である。第４ヶ条と同じように、太刀を抜いたら構えたりせずに「少しもよどみなくつるつると懸かる」とある。

『兵道鏡』（第5ヶ条）

五、足遣いの事

足遣いは、太刀追取る（抜く）やいなや、少しもよどみなく、つる〳〵と懸かり、敵の現（在）に乗る時、足をつき合いて打つなり。もし太刀追取り（抜く）と、懸かりにくき事あらば、我が右のかたへ、廻り寄るべきなり。左様に廻り寄れば、結局廻りすぎて、我が方つまるものなり。敵、太刀位を見て、左へ廻る時、また我も左へ廻り戻り、にわかに先をかけぬれば、敵、勢をすりて、そのまま、しちようにかかり、打ち所たしかに見ゆるものなり。そこにて油断する事悪し。深く入らず、ひし〳〵と打つべし。転変肝要なり。

武蔵の戦いにおいては、刀を抜いたらもう斬る動作が始まっているのである。刀を抜くだけで、相手がどこを斬るかどうしてわかるのか。それについて武蔵は「にわかに先をかけぬれば、敵、勢をすりて、そのまま、しちょうにかかり、打ち所たしかに見ゆるものなり」と説明している。にわかに先をかけるのは打つためではなく敵に打たせるためである。すると敵は「勢をすりて、そのまま、しちょうにかかり」とある。ここでは敵は勢いをそがれて、そのまま「追い詰められ、慌てて懸かってくる」と解しておく。追い詰められた相手は動く。そこで「打ち所がたしかに見える」という。武蔵は戦いの最中も心は静かに、とにかく、敵を見ているのである。

6 武蔵の身体論『兵道鏡』第6ヶ条

次の第6ヶ条は身体論のまとめというべき条となっている。

『兵道鏡』（第6ヶ条）

六、身の懸かりの事

身の懸かりは、顔を少しうつぶき（うつむき）たる様にして、いくび（猪首・首を縮める）になき様に、肩を両へ開きて、胸出さず、腹をいだし、尻をいださず、腰を据えて、膝を少し折て、踝《くびす》（かかと）を強く踏み、つま先を軽ろくして、少し両へ開きて懸かるなり。また打つ時に身の懸かり、顔は同じ、頸はいくびに、胸出し、尻を出し、膝を伸ばして、くびす（踵）を浮きて、つま先を強く、左足を前へ上げて打つなり。打って油断せず、にらみつけて、敵、首を上げば、ひたと（いちづに）打つべし。口伝これあり。

○顔を少しうつぶき（うつむき）たる様にして、いくびになき様に

いくびとは猪の首で、首を縮める事を意味している。顔を少し俯《うつむ》かせるのは首を緊張させない第一の方法だ。少し俯くという身体操作は次の肩と連動した胸の動作だ。

○肩は両へ開きて、胸出さず

肩は一番身体にロックをかけやすい部位で、気を付けをして胸を張り首を緊張させると猪首となり、肩にロックがかかり、足腰の力が腕に伝わらなくなる。そのために胸の筋肉を必要以上に鍛える事になる。武術では胸を緩め胸の緊張を解く事を重視する。これを「胸のぬけ」と呼んでいる。

一般には武蔵の身体遣いというと最晩年に書かれた『五輪書』の「水之巻」第2ヶ条「兵法の身なりの事」が引き合いに出される。しかし24歳で書いた『兵道鏡』にすでに、『五輪書』だけでなく各種の「三十五か条」とほとんど同じ身体遣いが書かれていたのだ。これは極めて重要な事だと思う。50歳で兵法至極を得たと言っているが、身体遣いに関しては24歳でほとんど完成していたのである。

〔参考〕『五輪書』「水之巻」（第2ヶ条）

一、兵法の身なりの事

身のかかり、顔はうつむかず、あおのかず、かたむかず、ひずまず、目をみださず、ひたいにしわをよせず、（中略）鼻すじ直《すぐ》にしてすこしおとがい（下顎）を出す心なり。首はうしろの筋を直に、うなじに力をいれて、肩より惣身《そうみ》はひとしく覚え、両の肩を下げ、背すじろく（まっすぐ）に、尻を出さず、ひざより足先まで力を入れて、腰の屈まざるように腹をはり（後略）

○腹をいだし、尻をいださず。腰を据えて

上腹を出すことではなく、この場合の腹は尻と連動した下腹で、背骨でいえば腰椎の前の上腹ではなく仙骨の前の下腹である。次の「腰を据えて」の〝腰〟も腰椎ではなく仙骨である。

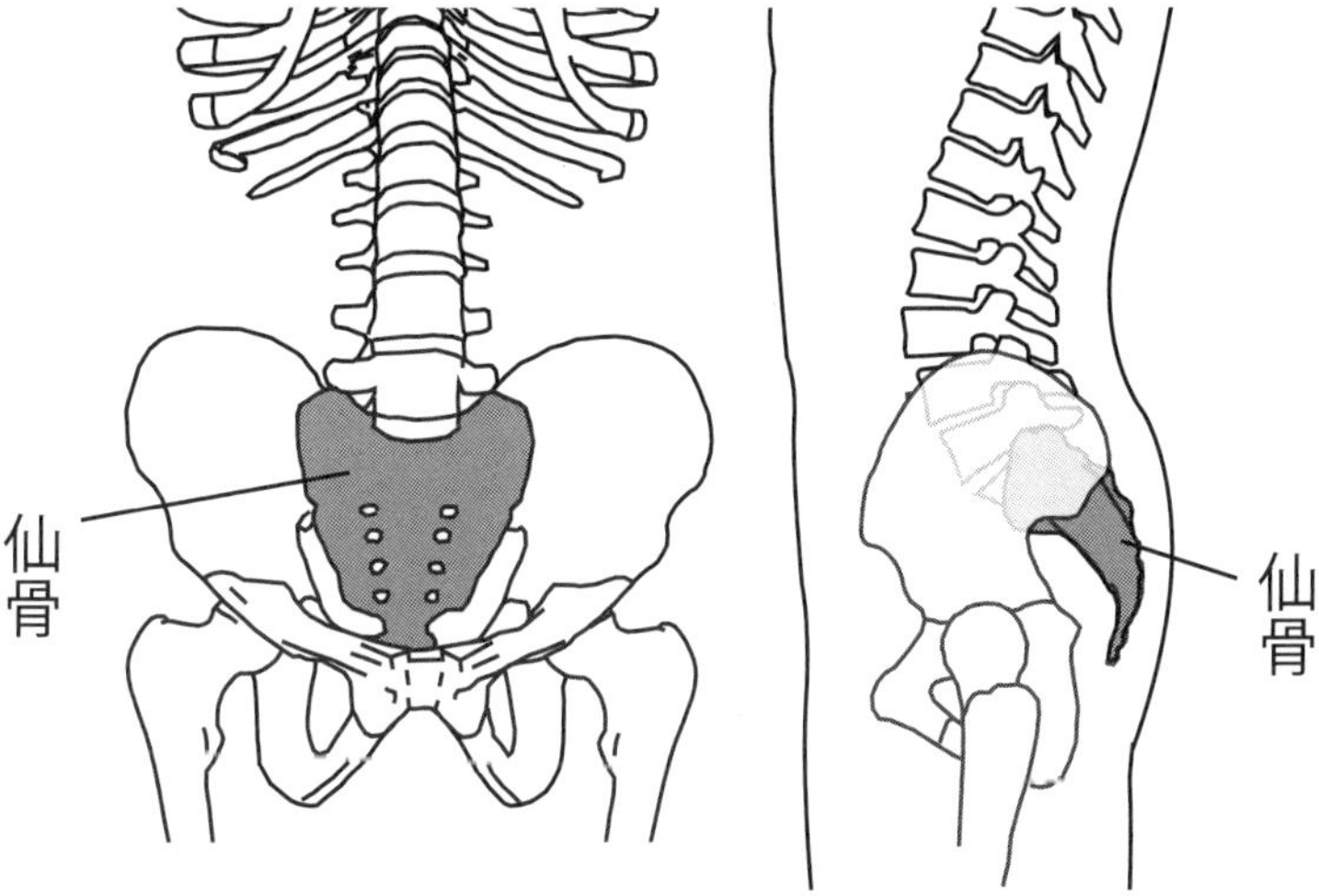

斬り上げ　膝をバネとして使う」事によって威力が生まれる。つま先を外側へ向ける事によって仙骨が締まり、身体の力が背骨に集まる。

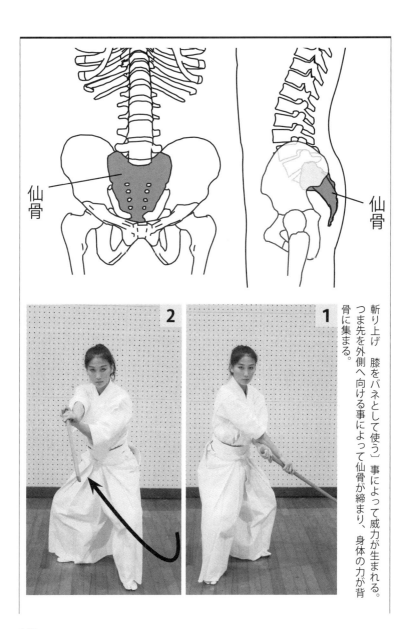

尻については柳生十兵衛の『月の抄』に「尻をすぼめる」（上泉信綱）「尻を張る」（柳生宗厳）を「無上至極の極意」と呼んでいる。「すぼめる」と「張る」を同時にできるのは仙骨である。

仙骨は他の背骨と違い、横に広い三角形を成しているので、仙骨を張ると仙骨の中心に力があつまり、尻が締まった状態になる。西欧の体育は腰をねじることで力をだすが、日本の伝統武術は腰を捩じらないで仙骨を締め腰を左右に開くことで力を出す。

○膝を少し折て、踵を強く踏み

日本の武術で遣う力は筋肉ではなく重力だ。身体の重さが身体を支える地面にかかり、その反作用＝地面反力が身体にかかる。武術は特にその力を使う。その力が腕などに伝わるには力の通路である関節がゆるんでいることが重要となる。関節にロックがかるとそこで力が止まって力が働かない。『兵道鏡』の太刀形には多くの場合、下からの太刀筋が遣われた。下から斬り上げるには腕だけでは斬る力が生まれない。腰を沈め膝をバネとして使うことで身体がマリのようにて弾む状態となり、踵を踏んだ地面反力が身体に働く。

○少し両へ開きて懸かるなり

つま先を少し外側に向けると仙骨が締まり、身体の力が背骨に集まる。剣道ではつま先立って飛び込むので母指球が重要になる。その場合、つま先を外側に広げると母指球に力がはいらないので、指先は真っすぐ前に向ける。しかしつま先の力は本来前進に対するストッパーの働きをするので、飛び込むにはストッパーの働きに抗する大きな力を必要とする。それは前進には本来無駄な力だ。

刀で物を斬るには本来斜めに引き斬る。それにはつま先を開いていなければよく斬れない。剣道は真っすぐ面を打つことをよしとするが、本来戦いでは刀は斜めや横、下からなど縦横な太刀筋を使う。真っすぐに打つことに特化した剣道は日本の伝統武術の身体操作からは遠ざかっている。

なお本条の「打つ時」以下は前半部の身の懸かりと反対になっており、以前から理解できない箇所なのだが、身の懸かりが居付かないようにという意味であると理解しておきたい。

『兵道鏡』を出して2年後、武蔵は増補・改定版を出す。最初に基本部第6ヶ条「身懸かりの事」と次の太刀名第7ヶ条「指合切りの事」の間に「前八の位の事」が入る。初版で一番足りない部分として追加されたと思われる。当たり前と思っていたが、弟子を教える過程でやはり身体遣いにおいて一番重要だと思ったのかもしれない。前八とは、構えとしては両手を前に出した円曲であるが、実質的には手2足2腰胴眼2の8つの部位が正しくあるべき（気高く美しく静かにきっかりとした）状態であり、最終目的としては「身なり、ろく（真直ぐ）に」とあるように、身体の中止軸が真直ぐになった状態である。

『兵道鏡』改訂版「前八の位の事」

前八と云う事、初めに習い覚うべき事、惣別《そうべつ》（総じて）諸道、人に百くせ（癖）あるというなれば、太刀も同じく、その癖とも身なりを初めよりよくせんため、身のひらき、早速《さっそく》仕覚えさせんと云う儀なり。然らば、いかほども、なり（身なり）気高く、手つき、いと美しく、足おとなしく、跳びても廻りても、身なり、ろく（真っすぐ）に、いかほども静かに、きっかりとして、下《しも》（下半身）は揺るぐとも、上《かみ》の動かざるように、たとえば空より縄を降ろし、釣り下げたるものと心にあるべきなり。この儀、一段面白（き）たとえなり、教外別伝たり。

武蔵は戦いに勝つために最初に習うべきことは身形（みなり）を真直ぐ（ろく）にすることであると言っている。私はこれは極めて重要な事だと考えている。

武蔵はその事について本条で「たとえば空より縄を降ろし、釣り下げたるものと心にあるべきなり」という素晴らしい比喩を用いる。

頭に縄を付けて釣り下げる。つまり中心軸を真直ぐに立てることを指している。中心軸は動物にはなく

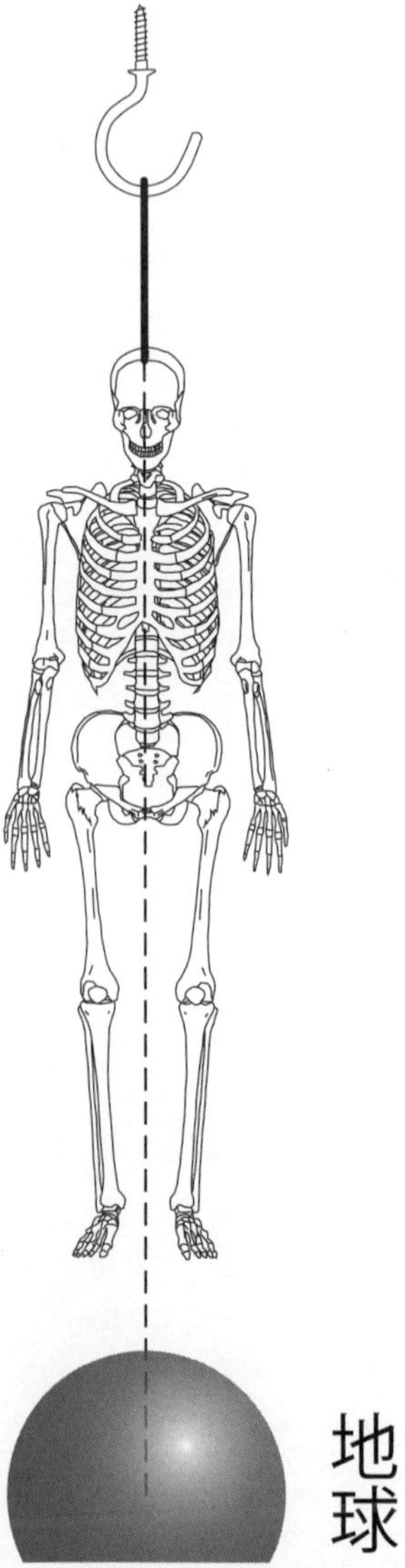

人間にしかない意識である。四つ足動物は立ってもそのままで安定している。しかし立つことで頭と手を開放した人間は、二本足で立つと身体には骨と内臓を基とした筋肉の付き方が多様なため、身体の物体としての重力線と身体の中心が一致せず不安定となる。そのため立っていられるバランスを取るために中心軸の意識が生まれた。武術では足を広げ太刀を持ち相手に向かうため、立つ以上のバランスを必要とする。太刀を構えただけでその人の武術の実力が分かるのはそのためだ。24歳の武蔵が中心軸の意識に気が付いていたという事は驚きだ。

武蔵もそのことを自覚していて、その比喩を「この儀、一段面白きたとえなり」と自画自賛している。

7 太刀の形 『兵道鏡』第7～13ヶ条

武蔵は『五輪書』に「兵法至極にして勝つにあらず」と書いている。戦いの理としての〝極意〟という意味ではそうかもしれないが、最強であった理由は客観的に見れば13歳から30歳までの間に60回以上試合をして不敗だった「太刀筋」にあるはずである。仮にこの時点で真剣勝負をやめた、あるいは没したとしても武蔵は最強であったと言われただろう。したがって3度の決闘の直後に書かれた『兵道鏡』の太刀筋の中に武蔵不敗の太刀筋があったはずである。

後に武蔵は5つの構え以外は形を否定することもあり、この頃の太刀筋は全く残されていない。しかしその太刀筋が分からなければ武蔵不敗の理由は分からないと言わざるを得ない。そこで武蔵最強の理由を尋ねるべく、『兵道鏡』に書かれている形を記述に随って再現してみた。あくまで研究のためであり、今後、熱心な研究者が出て鍛錬の中で深めていってほしい。そのための提案としたい。

再現はあくまで『兵道鏡』の記述に随っている。若干、技を続けるために補足した箇所もあるが、その場合は「補足」と注記しておいた。なお武蔵の場合、技ごとに足運びを詳しく書いてある。武蔵の剣の特徴は敵への接近の仕方にある事は理解できるが、書いた通りにやってみると武蔵の間の詰め方があまりに近すぎるように思われ、最初の「指合切り」と最後の「多敵の位」以外は足運びの詳細は技の中に体現することはできなかった。今回は太刀筋に焦点を当て、詳細な足運びは今後の課題としたい。

『兵道鏡』（第7ヶ条）

七、指合《さしあい》切りの事

一、指合切り。敵の右の目に、我が太刀先をさして、過（去）と過（去）に付けて（写真①）、敵の打つ所を（写真②）、肩にて抜きて、肘、手首、屈《かが》まさる様に、いかほども大に抜くべきなり（写真③）。足をば、太刀上がると一度に右足を出して、さて左足を継ぎ、また右足を大いに出して、太刀を膝につけ（写真④）、敵打つ太刀の、はばきぎわ（つばもと）を、我が太刀の物打の少し下にて請け（写真⑤）、左足を敵の股へ踏み入る程にして、敵の頸を、太刀共に、はさみ付ける様に請け候なり（写真⑥）。敵をいかほども、乗らせたがるがよく候なり。もしまた敵、我が太刀に取付く様なる事あるべし。左足にて、胸を踏むべし。転変肝要なり。

以上の記述にしたがって再現してみた。（150～151ページ参照）

使太刀の最初の構えは「敵の右の目に、我が太刀先をさして、過去と過去に付けて」とあるので、尾張円明流の両刀を前で交差させる円曲の構えとなる。ただ敵の右の目に太刀先をさすのだから、太刀先を15センチほど交差させて敵の打ちを誘うように僅かに下げる尾張円明流に比べて攻撃的な構えとなる。

『兵道鏡』の最初に出されているこの「指合切り」は『五輪書』の形「五つの表次第の事」の「第一　中段」「太刀先を敵の顔へ付けて、敵、太刀打ちかくる時、右へ太刀を外して乗り、また敵打ちかくる時、切先返しにて打ち、打ち落としたる太刀、そのまま置き、また敵の打ちかくる時、下より敵の手を張る」とよく似た太刀筋となっている。

◆兵道鏡　第7ヶ条「指合切りの事」より

『兵道鏡』太刀筋（再現）一本目

1

打太刀（写真右）：雷刀（上段）

使太刀（同左）：円曲で敵の右眼に太刀先をさして、過去（切先）と過去に付けて、

2

打太刀：二刀に組んだ太刀先を砕く。

使太刀：二刀を上げ体を右に開いて「肩にて抜き」外し、

3

使太刀：両刀を斬り下す。

4

打太刀：太刀を振り被りながら一歩下がる。
使太刀：小刀を敵の顔に付け、右足、左足、右足と間を詰めながら太刀を膝に付ける。

5

打太刀：右肩を打って行く。
使太刀：太刀を握った敵の両手を太刀で下から斬り上げる。

6

打太刀：下がりながら太刀を雷刀に取り上げる。
使太刀：左足を敵の股に踏み込みながら両刀で両手（実際は首）を挟み上げる。

『五輪書』は打ち下げた太刀をそのままにして置くが、『兵道鏡』の特徴は太刀を膝に付けることである。「奥」の第22ヶ条「有無二剣」にもある。

またここでは再現できなかったが、敵が我が太刀に取り付くような時は「左足にて胸を踏むべし」とある。ここだけでは理解できないが、『五輪書』「火之巻」「剣を踏むという事」に「踏むというは、足には限るべからず、身にても踏み、心にても踏み、勿論太刀にても踏み付けて、二のめを敵によくさせざるように心得べし」とあり、「胸を踏む」も、敵のする事を「心にても」踏み付けることを意味していることが分かる。また『五輪書』の「剣を踏む」ということも左足の踵で踏むつもりであることが分かる。

『五輪書』はそこで終わっているが、『兵道鏡』ではさらに左足を敵の股の下に踏み込み両刀で敵の頸を挟み上げるとある。『兵道鏡』はどこまでも敵に食らいついていく感じで恐ろしい。首を挟みあげる最後の攻撃は、稽古では太刀を上段に挙げた敵の両手を挟み上げる事になる。しかし首を挟み上げる勢いで両刀を突き上げなければならない。なお尾張円明流十一本の形の八本目に両腕を挟み上げる技がある。口伝としては実戦では両目を突くとあるが、元々は頸を挟み付けることであったかもしれない。

『兵道鏡』（第8ヶ条）

八、転変外す位の事

一、転変の位。構えは指合切りと同じ。過（去）と過（去）に付けて（写真①）、敵打つと（写真②）そのまま一度に乗りて（写真③）、現（在）にして、足をつき合い、いかほどもつき出して、敵の廻のとおり（乳通り）に、うかうかと構え見る時（写真④）、敵、力に任せて、打ち落とさんと思う時、我が太刀先を、はやく外して（写真

⑤、左の手の動かざる様に、右の手を肩まで強く引き（写真⑥）、右足を踏み出し、左足を前へ高く上げて（写真⑦）、また引きたる筋を、敵の二の腕を、横に打つべし（写真⑧）。口伝これあり。

「廻の通り」を森田栄『宮本武蔵正伝』では「判読しがたい。廻とも血とも見える。血は乳のことか。すなわち中段の位につけることか」としている。乳ならば「乳通り」となり、柳生新陰流では乳の高さをいう。顔や目でなく乳通りに太刀先を付ければ上から打ちやすいので、本書では乳通りと理解しておく。

『兵道鏡』（第9ヶ条）

九、同、打ち落とされる位

一、打ち落される位。構えも乗るも前に同じ。足は構えの時、足を踏み揃え、乗る時、右足を出し、廻のとおり（乳通り）、つき出して構える時（写真①）、敵、力にまかせて打落す時、太刀にかまわず、自然に下げて（写真②）、首を少しも動かさず、手をのべて、左の前に構えて（写真③）、敵、手をねらい打つ時、我が手を、右のかたへかえて張るなり。太刀をひらにて、張る事悪しく、下より手を筋かえに、払う心なるべし（写真④）。転変肝要なり。

『兵道鏡』（第10ヶ条）

十、陰位の事　付たり、喝咄《かっとつ》

一、陰の位は身の懸かり、むまき（真向き）になして、少し左足を出して、左の手を伸ばして、刀の先を、

◆兵道鏡　第8ヶ条「転変外す位の事」より

『兵道鏡』太刀筋（再現）二本目

打太刀（写真右）：雷刀（上段）
使太刀（同左）：円曲（敵の右眼に太刀先をさす）で攻め込む。

打太刀：雷刀で進み、間境で太刀を砕いていく。
使太刀：二刀を左右に開いて打ちを外し、

使太刀：上から乗るように押える。

使太刀：すぐに両刀を開いて再び円曲（乳通り）で攻める。
打太刀：雷刀に振りかぶる。

打太刀：力に任せて交上を打つ。
使太刀：二刀を開き、太刀先をはずし、

使太刀：左の小刀は突き出したまま右の手を左肩まで引く。
打太刀：雷刀に振りかぶる。

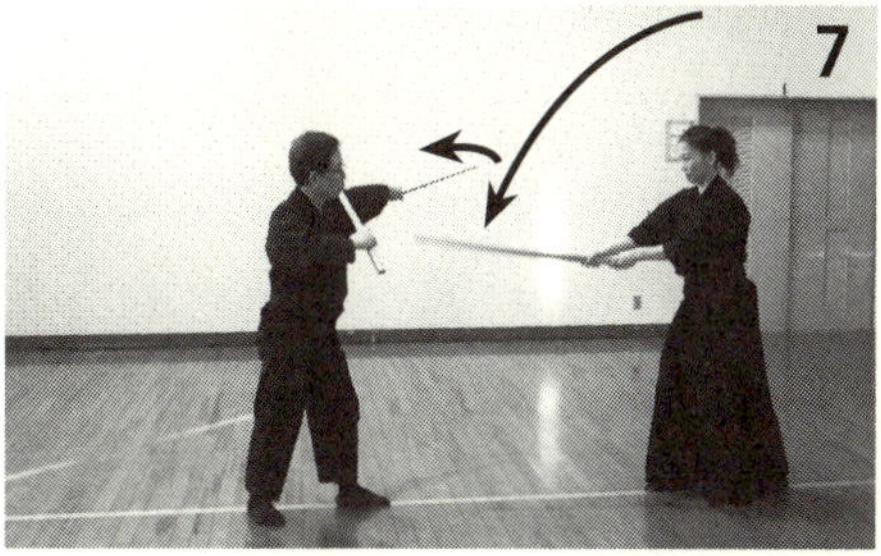

打太刀：左拳を打つ。
使太刀：左手を左に開いて打ちを外し、

使太刀：太刀で、振りかぶった打太刀の二の腕を（引いた筋を）横に斬る。

◆兵道鏡　第9ヶ条「打ち落とされる位」より

『兵道鏡』太刀筋（再現）三本目

打太刀（写真右）：雷刀（上段）
使太刀（同左）：円曲で攻め込む。

打太刀：雷刀で進み、間境で太刀を砕いていく。
使太刀：自然に下げて、

使太刀：小刀を前に出す。

打太刀：左拳を打つ。
使太刀：左拳を右に挙げ、同時に太刀で敵の両手を下より筋かえに払い上げる。

> 敵の左の目に付けて、まへせばに、太刀を立《たて》に上段に構えて（写真①）、刀の上よりおしのべて、敵の手を打つべし（写真③）。敵の太刀先、我が刀の先に当たるほどなれば（写真②）、定《さだま》りて太刀、敵の手にあたるものなり。
> また喝咄の位。左足を出して、太刀の切先を、敵の方へなして、太刀の峰を、敵に見せて（写真①）、敵打つ時、手をのばして（写真②）、切先より、はやく上げて打つべし（写真③）。いかほどもはやく、強きほどよく候なり。打つ時は、右の足を出すなり（写真④）。喝咄を続けてする時、敵合遠き時は、足を引きて喝咄すべし。また敵合よき程ならば、足を立てかえてすべし。敵合近き時は、右足を引きて、同所にて喝咄すべし。我が太刀短き時は、受け流して、打つべきなり。喝咄近くて悪しきものなり。近ければ、胸に当たる心あるべし。転変肝要なり。

喝咄は右・左と敵の前に進める足運びが攻撃となっている（159ページ参照）。

太刀の峰を見せて敵の胸を突きあげるように太刀を上げるのは敵に我が太刀を打ち落とさせるため。喝咄の太刀筋はこれだけでは判かりにくいが、『五輪書』が参考になる。「我打ちかけ、敵をおっこむ（追い込む）時、敵また打ちかえすようなる所、下より敵を突くように（太刀を）上げて、かえしにて打つ事」また、「喝咄のしよう、切先上ぐる心にして、敵を突くと思い、上ぐると一度に打つ拍子」とある。刃を下にしたまま突くように太刀を振り上げ、敵の顔の前あたりで刃を上に切先を返すと同時に振り下して斬る太刀筋で、次の「切先返し」の一種と思われる。

ただ肝心なのは足をそのままで太刀を上げ下げしないで右左または左右の二足の陰陽の足で斬ることである。なお太刀の峰を見せて上げるのは、斬る太刀筋ではないので敵は思わず打ち落としてしまいたくな

◆兵道鏡　第10ヶ条「陰位　付たり喝咄」より〝陰の位〟

『兵道鏡』太刀筋（再現）四本目

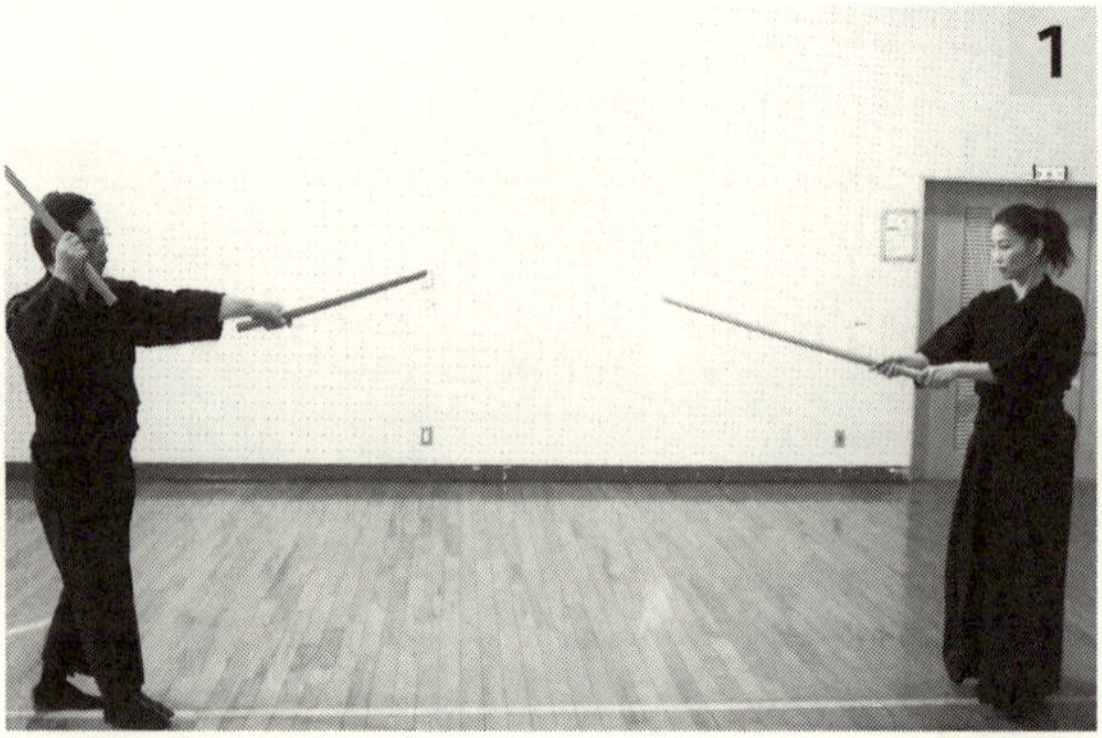

打太刀（写真右）：青眼
使太刀（同左）：左の手を伸ばし小刀の先を敵の左眼に付け、太刀を右頬横に斜めに立て上段に構える。

使太刀：小刀が敵の太刀先に当たるまで攻め、

使太刀：太刀で上から敵の手を打つ。

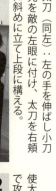

◆兵道鏡 第10ヶ条「陰位 付たり喝咄」より〝喝咄〟『兵道鏡』太刀筋（再現）五本目

打太刀（写真右）：雷刀
使太刀（同左）：左足を出して下段に提げた太刀の切先を敵の方に向ける。

使太刀：右足を出しながら太刀の峰を敵に見せて上げる。

打太刀：太刀を砕いていく。

使太刀：払われた力を利用して右足を踏み出し、切先返しに敵の首を斬る。

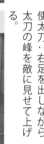

◆兵道鏡　第11ヶ条「陽位の事　付たり、貫く心持ち」より〝陽の位〟

『兵道鏡』太刀筋（再現）六本目

打太刀（写真右）：上段
使太刀（同左）：小刀は敵の太刀に十文字に当てて構え、太刀は手を伸ばして左の脇にゆるりと下げて構える。

打太刀：右肩を打っていく。
使太刀：両手を下から斬り上げる。

◆兵道鏡 第11ヶ条「陽位の事 付たり、貫く心持ち」より“貫く心持ち”

1 打太刀（写真左）：使太刀の下から斬り上げる太刀を落とさんとする。

2 使太刀：太刀を打たれたら切先返しに太刀を上げ、

3

4 上から首を払う。

る武蔵の「思いも寄らぬ」ことをする戦術だと思われる。

『兵道鏡』（第11ヶ条）

十一、陽位の事、付たり、貫《ぬ》く心持ち

一、陽の位は、刀は敵の構えに応じて、十文字にあてて、太刀は手をのばして、左の脇にゆるりと構えて（写真①）、敵の手を、筋かえに打つべきなり（写真②）。この太刀、上段に逢いて、よき太刀なり。張りざまに、右足をすこしずつ出して、手を右へかわして、張るべし（写真③）。

また貫く心持ちは、手を張る時（写真①）、その張る太刀を、勢《せ》に入れて打ち落とさんとする時（写真②）、同じ拍子に、張ると見せて（写真③）、下を筋かえに、〔払いて大いに太刀をのばして、頸の通りを、また筋かえに―別本で補う。魚住孝至『宮本武蔵』〕払うなり（写真④）。敵、勢いを入れずば、抜く事しかるべからず。我が手をかわして、敵の手をねらう事肝要なり。口伝これあり。

『兵道鏡』（第12ヶ条）

十二、同位　張る積りの事

一、張る積りは、我が太刀の切先、敵の現在に当たる程の積りの時、手をのばし、太刀を少し左の脇に置きて、右の身を少し出し、下より手を筋かえて、張りあぐるなり。如何にも構えをば、ゆる〱と構え候なり。

敵せい（勢）に入り打ち落す時は、なお強く張りて、敵せい力を出し打ち落すを、足と身とは、張る心に拍子をちがえずして、太刀ばかりおしみ、誠に打ち出すと見せて、敵打ち落す太刀のその跡（後）を出て、切り候なり。敵相近き候事悪しく、同じくは、つる〳〵と懸かり、一度に下より、張りあぐる様に、よくねらいて、打つべきなり。口伝多し。

この太刀筋は左の脇に構えた太刀を下から張るとあるので第11ヶ条と同じ陽位だ。ただ攻防の間合いをより詳細に説明している。ゆるゆると構えて、つるつると足早に懸かるのが眼目となる。

陽位の構えと陰位の構えは無二から出た鉄人流などの伝書にいくつか描かれた図とは違うが、『兵道鏡』の構えは、陽位は（太陽に向けて）下から上に斬り上げ、陰位は（地に向けて）上から下に向けて斬り下げる太刀であると思われる。

『兵道鏡』第13ヶ条「定可当の事」

十三、定可当《じょうかとう》の事

一、定可当は、少し左の足身を出して、刀の切先と敵の太刀、我が刀の過（去）と過（去）に逢う程の時（写真②）、定めて振り出すべきなり。太刀の構えは、切先、前のかたへ出して、いかにも身のうち広き様になして、両の肘を屈めて、手首屈まざる様に、胸をいかにも入れて、大なる木をいだきたる様に、身の懸かりをなして、懸かるべきなり（写真①）。下より筋かえに、敵の手を払い上げて（写真③）、戻りの太刀にて、直《すぐ》に首を打つべきなり（写真④）。※下よりの太刀、したたかにのばしたるがよきなり。張りざまに右足を上げて打つ時、踏みこみて打つべきなり（写真⑤）。転変肝要なり。

◆兵道鏡　第13ヶ条「定可当の事」より

『兵道鏡』太刀筋（再現）七本目

打太刀（写真右）：青眼
使太刀（同左）：両の肘を屈め大きな木を抱きたる様に低い円曲に構え、

使太刀：小刀の中ほどが敵の太刀に触れるほどに攻め進み、

打太刀：円曲の交上を打っていく。
使太刀：左足を出し、下より手を伸ばし、筋かえに敵の手を払い上げ、

使太刀：右足を踏み込み、戻りの太刀で敵の首を打つ。

第13ヶ条も下からの斬り上げだ。太刀の構えは「いかにも身のうち広き様になして、両の肘を屈《かが》めて、手首屈まざる様に、胸をいかにも入れて、大きなる木をいだきたる様に」とある。二刀を「大きなる木を抱きて」構えるという表現は武蔵の身体感覚の素晴らしさだ。

「下よりの太刀、手をしたたかに伸ばして右足を出して切り上げ、踏み込んで首を切る」とあり、足運びは右足を出して太刀を振り上げ、右足を踏み込んで切り下す切先返しの太刀となる。

また大抵の流儀は身を半身にして攻撃される部分を少なくするが、二刀流は両手に刀を持つので「身のうち広きように」敵に正対するので左右からの攻撃・防御が可能である。

『兵道鏡』の太刀筋は、自分で太刀を斬り下げ、または敵に太刀を敵に打ち落とさせ、その太刀で下から斬り上げる太刀筋が多いが、下からの斬り上げは『五輪書』まで受け継がれる武蔵の剣の最大の特徴である。

ここで『兵道鏡』「太刀の名」第7ヶ条から第13ヶ条に現れた武蔵の最強の太刀形を総括してみよう。

最初の第7ヶ条は「指合切り」だ。指合切りは円曲の構えから始まる。武蔵の構えの根本は円曲であり、この構えに武蔵の勝利の方程式「敵の思いもよらざる事して拍子違いに先を懸ける」の精神も体現されている。

敵が一刀の場合は、敵は相手の左右どちらかを攻めて剣先を動かさせて、そこに生まれた隙に斬り込む。または、真直ぐを攻めて敵の心を左右に動かさせて真直ぐを攻める事もある。しかし、相手が二刀で左右に構えられた場合、左右にも真直ぐにも防がれており、攻めようがない。これが円曲の構えのすごさだ。

その構えでぐいと攻められた場合、敵は目の前の二刀の交差を砕かざるを得ない。砕けば相手は一刀でどこかを打ってくるはずであり、そこに打合いが生まれ、そこを勝てばよい。

しかし武蔵は相手の打ちを外して攻めないで、また円曲に構えて、グイと攻める。敵は再び二刀の交差を砕く以外に相手を戦いの場に引き出す方法がないので砕いていく。

さて武蔵はどうするか。もう一度二刀を開いて外し、同じように円曲で攻める事もある。武蔵は同じ攻めを2度まではよいが3度はしない。

さてどうするか。それが第8ヶ条「転変外す位の事」と第9ヶ条「転変、打ち落とされる位」である。

第8ヶ条は再び敵が打ってきたのを外し、今度は一刀（おもに小刀）で攻め、もう一刀を下段に下げたり肩に引いておいて、小刀を砕いてきたのを外すか、砕いてきた手に斬りかけて勝つ。

第9ヶ条は砕かれた二刀を砕かれたままに下げておいて、再び敵が斬ってきた両腕を下から斬り上げる。

武蔵の太刀筋はほとんどすべてが「敵の思いもよらざる事して拍子違いに先を懸ける」太刀筋である。

先にご紹介した第24ヶ条の吉岡一門との戦い（多敵の位。122ページ参照）は、二刀を前で交差させるのではなく、二刀を後ろに開いて構え、打ち懸かってきた敵の目の前を二刀を交差させ、また同じように二刀を開いて構え、再び打ち懸かってきたところを廻し斬りに勝つという、ここの太刀形の応用形だ。

8 武蔵の戦い方『兵道鏡』第14〜28ヶ条

『兵道鏡』第一部「心と身体の在り方」全6ヶ条、第二部「太刀の形」全7ヶ条と論じた後で次の第三部は「勝ち味の位」で、実戦での勝ち方となる。その最初の第14ヶ条は「先を懸くる位」のことである。この条は特に重要である。

『兵道鏡』（第14ヶ条）

十四、先《せん》を懸くる位の事

一、先の懸け様、あまたあり。敵、中段・下段の時は、陰の位に構え、そのまま飛び懸かり、打たんと思う気色をして、太刀を少し動かして、走り懸かりて、過（去）と過（去）に逢う時、足を少しならせば、敵かならず、しちょうに懸かる（追い詰められて慌てて懸かる）ものなり。敵の逃ぐる程、我が身も付きて寄るべきなり。敵、上段の構えの時は、組合いて下段に構えて、左足を踏み出して、走り懸からんと見せて、首をかか（く？）れば、敵、しちょうに懸かるものなり。平生は、指合切りに構えて、過（去）と過（去）にあう時、跡（後）足を浮きて、ふつと、のびかかり、打つ身の懸かりになりて、太刀を一尺ばかり上げて、首を少し懸けて、追い払うべきなり。いずれの太刀にも先はあり。敵の思いも寄らざる事して、拍子ちがいにして先を懸くべし。敵の思い寄る事は、少々相太刀にても悪し。口伝これあり。

最初に「足を少しならせば、敵かならず、しちょうに懸かるものなり」とあるが、「足をならす」が「足を鳴らす」で、敵の目の前で足を踏んで音をたてて慌てさせることであろうか。そうであれば第1ヶ条の後半の、構えた二刀を打ち合わせて敵を慌てさせるのと同様、武蔵の奇想天外な先の懸け方である。さて、「先の懸け様、あまたあり」と書きはじめ、敵の構えが上段、中段、下段の時の相手に対する先の懸け方を述べる。

①敵が中段・下段に構えているときは、

敵は太刀を上げなければ打てないので、中段や下段の構えの時は、そのままでは打つ気がないと判断して、陰の構えで飛び懸かる。敵は逃げようとするので我が身を急接近させる。

②敵が上段に構えているときは、

我は下段に構え（待ちの姿勢を見せて）油断させて走り寄って首（頭）を打つ身の懸かりになって太刀を一尺ほど上げて、上段で打つ気になっていた敵の打ちを誘う。

いずれも敵の構えの裏をかくことになり敵を慌てさせる。なぜか。「いずれの太刀にも先はあり。敵の思いも寄らざる事して、拍子ちがいにして先を懸くべし」とその理由を明らかにしている。「拍子を狂わせて先をかける」―これこそ武蔵の戦い方の根本的な考え方である。晩年に書いた『五輪書』の総論というべき「地の巻」の最後に「ちがう拍子をわきまえ・・・背く拍子を知ること、兵法の専《せん》なり」と記す。

この条は2年後には改訂されている。その冒頭で「先の懸け様、太刀にはあらず、皆心をあらわすなれば、書き難き処、しかれどもおよそ、この心なるべし」と、2年前は敵の太刀の構えで先の懸け方を分けていたが、本来は単なる技の問題ではなく心にかかわることなので上手く表現できないと言い淀んでいる。若き武蔵の探求心からくる心の動きが現れている興味深い文章である。改めて心に関わる先の掛け方を次の3つに分類する。

①先《せん》の先

太刀を抜き合い敵が打ってきたらその先を飛びかかって打つ。それで敵が打たなかったらすばやくこちらから懸かる。

②体〔待〕の先

敵が懸かってきたら、素早く退いてさらに敵が攻める勢いに乗って懸かろうとした時、こちらから先に懸かっていく。退がる時、腰を据えて、乗るように退がる。

③只《ただ》の先

太刀を抜き合った瞬間、敵が一足も出さないうちに敵に足早に近づいて敵が打てないようにする。

以上のように分類したあと、最後に「平常の先というは、敵の思いよらざる事をするを、これを先というなり」と締めくくっている。元の文は「敵の思いも寄らざる事して、拍子ちがいに先を懸くべし」であったのが、「拍子違いに」が抜けたのは「拍子違い」を具体的に敵との攻防を3つの拍子に分けたためであろう。

先を懸けるのは敵を斬るためではなく思いがけないことをするためである。思いがけないことを、身体の懸かりではなく刀を使ってやるのが次の第15ヶ条「切先返しの事」である。前項の「太刀の名」では喝咄と言われたことが、戦い方を述べた「勝ち味の位」では太刀の使い方をより具体的に「切先返し」と呼んでいる。簡単に言えば、最初に斬りつける太刀が思いがけない太刀筋となり、切先を返す太刀が実際に敵を斬る太刀となるのである。武蔵の太刀使いの特徴を一言で言えば「切先返し」ということになる。

なお②「体の先」の「退がる時、腰を据え、いかほども乗るべきなり」は参考になる。

退がる場合、腰が引ける人が多いがそれでは敵が我の上に乗るように追い込んでくる。乗って追い込まれないためには敵に乗るようにして退がることが肝要である。退がりながら乗る。相手が攻めてくるので気持ちの上でその上に乗る。そうすることですぐさま攻撃できる腰になっている。武蔵の場合、退がる事も先を懸ける事となっている。

この先を懸ける事は第一章で論じたように『円明三十五ヶ条』は第12ヶ条「三つの先と云う事」で身と心の問題としてさらに深化することになる。

『兵道鏡』（第15ヶ条）

十五、切先返しの事

一、切先返す様は、我が太刀先、敵の現在へ乗る時、足をつきあわせて、ほし（星・目標）をよく見あてて、返すものなり。ほし明らかに見えて敵合近き時は、小さく一廉《ひとかど》はやく、返すべきなり。また云う、敵合少し遠き時は、手をはやく返すようにして、息を抜き、足身は懸かりて、手ばかりおしみて、手のおさまり所を切るべきなり。敵、打かくる時、返す様、敵の太刀と一度に、我が右の方へ手を抜き、大いに太刀を伸ばして、右足を踏み懸かり、左足をうけて、首をかかりて、敵の鼻筋を、立《たて》に割る様に返すなり。打ち外したる時は、身を退《の》きて、陽の位に構ゆべきなり。張る気持ちは、前に同じ。教外別伝たり。

武蔵の太刀筋はほとんどが切先返しだ。最初の太刀は斬るためではなく、相手に先に斬り懸からせるための誘いだ。

しかも武蔵は切先返しは陰陽の足でせよという。その場で切先返しをすると、相手は見切ることはできるが、一太刀斬り懸かったあと、すぐに陰陽の足で身体が迫ってくるので、太刀筋を判断する余裕は持てないかもしれない。

尾張柳生は尾張滞在中の武蔵に勝つことができなかったが、尾張柳生三代柳生連也に至って円明流の達人・福留三郎右衛門に勝つことができた。武蔵が先を懸けて打ちかけて来る太刀は斬るためではなく先に斬らせる太刀であることを見抜いた連也は、その太刀筋を「探り打」と命名し、その探り打をこちらで最初に仕掛ける事を考えたのであろう。その太刀筋が長岡房成の「刀法録」に収録されている「対二刀勢法」であると思われる。私が再現して、関東支部で盛んに稽古している。

次の3条「足を打つ位の事」、「手を打つ位の事」、「切先外す位の事」には、切先返しが何度も使われている。太刀形ではなく切先返しの微妙な仕方が書かれている。

『兵道鏡』（第16ヶ条）

十六、足を打つ位の事

一、足を打つ様、三色あり。敵、右の後へ、下段に構える時、我が太刀、下段の上に構えて、左のかたへ廻る様に、太刀先、敵の現在につきかけて、足を踏みとめず、つる〳〵と（足早に）少し懸かりすぐる程に行き、退《の》き足に敵を打つべし。打つ所、足を見る事、努々《ゆめゆめ》なかれ。敵打つ次第に、切先返しを、いかにもはやくすべし。近くば、請《う》くべし。請け様、前に同じ。また敵、高上に構えたる時、組み合わせて上段に構え、うつむきたる身の懸かりにて、つる〳〵と（足早に）現（在）の積りに懸かり、足を打つやいなや、退《の》きて退《すさ》り、陽位に構うべきなり。また敵、中段の上にて、我が太刀の上へ懸かる時は、我が身の懸かりをのりて、太刀の刃を上へなして、肘をおりて、右のかたに構えて、さて切先返しするよしして、足を打ち、刀上の敵太刀を、張る心して打ち退《の》き、上段の中に構えて、足を引き打つ時、切先返しの心すべきなり。転変肝要なり。

敵が下段、高上（上段？）、中段に構えている時、いずれの場合も足を打ち、太刀が下になったのに対し敵が上から打ってくるのを、切先返しに下から斬り上げる太刀筋のようだ。足を打つのは足を斬るためではなく、上から斬り懸からせるためである。いずれの場合も「つるつると懸かる」足運びが重要となる。

『兵道鏡』（第17ヶ条）

十七、手を打つ位の事

一、敵、中段の下に、つき出して構える時、我が身、通りより右へ外れば、太刀先を下げて、過（去）にて現（在）へ付け、その太刀一尺とも離れずして、いかにもはやく、手のうちに力をいれて、手本《てもと》を下げて、両の手をかけて、切先返しすべし。小さく、強き程よく候なり。また我が身、通りより左のかたにあらば、手本を下げ、敵の太刀に、十文字にあてて、太刀、少しも廻る心なく、一尺ばかり上げて、右の手の爪を打つべし。また敵太刀一廉《ひとかど》はやき時は、切先返しの心なる二の越しをもって、おさまる所を打つべし。はやく透《すき》なき事肝要なり。口伝これあり。

ここで示されているのは、敵の太刀が自分と同じ高さにある場合の切先返しだ。下から敵の太刀を打つ場合、手元を下げて「小さく、強く」打たなければ斬る太刀筋とはならない。また太刀を上げる場合、相手の太刀の上一尺（30センチ）程上げるだけの所で切先返しをしなければ隙ができてしまう。太刀先によほどの斬撃力がなければできない太刀操作だ。

『五輪書』「水之巻」の「石火のあたりという事」に「我が太刀少しもあげずして、いかにも強く打つなり」とあり、続けて「これは足も強く、身も強く、手も強く、早く打つ」とあり、「この打、たびたび習わずしては打ちがたし」とある。柳生新陰流のくねり打や和卜勝ちもほとんど太刀を上げない「小さく、強い」斬撃だが、参考になるのではないかと思う。

「右の手の爪を打つべし」と微妙な太刀捌きとなっている。探り打を意図する場合、斬らないので手前を斬ってしまいがちであるが、それでは敵に悟られてしまう。爪を切るぐらいにぎりぎりの所を斬るようにせよという戒めなのだろうか。

この条に「切先返しの心なる二の越しをもって」とある。「二の越し」は『兵法三十五箇条』の第二十二条「拍子の間を知るという事」（『円明三十五ヶ条』では二十一条）で「敵動きの後を打つ事」として遣われ、『五輪書』にも同じ術理として使われている。しかしすでに『兵道鏡』で使われていた。「切先返しの心なる二の越し」

と一つの太刀操作で遣われている。『五輪書』よりこの方が分かりやすい。切先返しの術理は元々一の太刀の後に振る「二の越し」の太刀なのだ。

『兵道鏡』（第18ヶ条）

十八、切先外す位の事

一、太刀を外す心は、肩と手の内ばかりなり。されども手のうちを、多く動かす事悪しく、左へ外す時は、すぐに、右へ外す時は、少しくり上げて、もとの構えに又なる様にすべし。左へ外す時、右足を出し、また右へ外す時は、左の足を出すべきなり。外して後には、前の手を打つ位のごとく、はやく、敵、太刀振りおさめざるうちに、打つべきなり。この打ちも、廻る事は悪し、口伝これあり。

『兵道鏡』は足による体裁きを重視している。手の打ちを外す時、「左へ外す時、右足を出し、また右へ外すときは、左の足を出すべきなり」と手を大きく動かして外すのではなく、足を動かす体捌きで外し、外したら再び同じ構えをせよという。そこで敵は発想の転換ができず最初と同じように打ってくると考えた武蔵の考えは素晴らしいと思う。

『兵道鏡』（第19ヶ条）

十九、乗る位の事

一、乗る心持ちは、太刀にても乗らず、手のうち、肘、肩、腰、足にても乗らず、敵、太刀をうち出すを、五体一度に、にちかたに、太刀先より足さき迄、やわらかに乗り候なり、敵太刀の動くと、はや上ぐる様にすべし。くらぶる時は、現在まで、太刀行きちがえども、上にて外れるゆえ、退《ひ》かずとも、乗るる心候なり。足遣いは、地足よりは、少しはやく、乗る時も、よどみなく乗り、つむると、ひしととまり、手を打ち候なり。なお口伝これあり。

相手の太刀に乗ることが重要であるが、手を使って力で乗ろうとすると身体も太刀も居着いてしまい、打たれる隙となる。「五体一度にやわらかに乗る」は分かりやすい表現だと思う。なお「にちかた」を森田栄氏は「虹形」と読んでいる。虹形ならば、手の内、肘、肩、腰、足がばらばらではなく、きれいに重なって乗る、すなわち全身で乗ると理解できる。「足遣いは、地足よりは、少しはやく」とあるので「地足」は普通に歩く足の速さで歩くことと思われる。

『兵道鏡』（第20ヶ条）
二十、すり足の事
一、すり足は、敵うかくとして、中段などに、両の手にて持ちたる時、太刀追取る（抜く）と、左足を少し出し、手と手を重ねて組み、いかにもゆるくと持ちて、腰を据えて、敵をまむき（真向き）に見て、敵打ち出さんとする所を、また左足を少し踏み出して、右足を、とつととびこみて、左足を折りて、下より手を払いうくるなり。いかにも強くすべし。すこしも遅れる心なかれ、教外別伝たり。

中段に構えている敵に左足で接近し右足で飛び込み左足を折る。体を急に低くして下から中段の敵の手を斬り上げる。円明流は左・右・左と陰陽の足でテンポよく太刀を使うことがよく分かる箇所だ。しかし中段に構えている敵にこの太刀筋が遣えるにはよほど足腰と肩甲骨をバネとして使える身体となっていなければならない。

第一部「心と身体の在り方」、第二部「太刀の形」、第三部「勝ち味の位」と進んで来た『兵道鏡』は、第21ヶ条より最終第四部「奥」となる。

「奥」全8条は実戦での太刀の使い方である。後書で「おく、奥にあらず。口、くちにあらず」と書く武蔵にとって「奥」とは必ずしも「奥義」の意味だけではなく、変化技といった意味でもあると思う。

『兵道鏡』第21ヶ条

二十一、真位の事

一、敵二刀のときは、過（去）と過（去）に合切り、左足を出し、右膝をおりて定可当をふりて、踏み懸かり、足を立て替えて、陽位に構えに（て）、またはらい出し、また喝咄に構えて、左足を出し、喝咄すべし。少しもあい（間）のなき様に、強くすべきなり。先を懸くる事肝要なり。敵の小太刀を、すでに（捨てて？）見る事肝要なり。少しも遅れる心なかれ。また脇狭《せば》き時は、そのまま喝咄にして、左足を出して、数多（き）太刀を、いかほどものばして打つべきなり。口伝多し。

敵が二刀の場合は、右膝を折って身体を敵の二刀の下に沈め、喝咄の技で下から太刀を突き上げるのを、敵は上から叩いて抑えようとする。それを切先返しで太刀を上げて斬り下げるのであろうか。敵の前で急に体を沈めるのも「思いも寄らぬ事」をする武蔵の作戦であろうか。

「喝咄」が二度使われている。第10ヶ条で紹介した、刀の峰を相手に見せるようにして、素早く上げ（喝）、打ち下ろす（咄）太刀だ（153ページ参照）。下から峰を上にして太刀を上げると敵は技としても心理的にも上から叩きやすい。喝咄は常識に反しているが、よく考えられた太刀筋である。

『兵道鏡』第22ヶ条「有無二剣の事」

二十二、有無二剣の事

一、有無の二剣は、刀を高く切先を敵のかなたへなして、太刀をば我が左の膝の上に置きて（写真②）、敵、切り懸からば、太刀にて下より手を張りて（写真③）、また上の刀を打ち懸く心すべし（写真④）。さる時、敵、上に構わず、下の太刀の手を打たんとせば、刀を打ちて、敵、気ちがいし、よ（弱）はりたる（上からの中刀の打ちに気を取られて弱気になる？）時、下の太刀を両の手にてかすみて、請け上げて筋かえに切るべきなり（写真④—2）。また刀をおぢて（怖じて）上に心付けば、下にて教えのごとく手を張るべきなり。敵に近き事悪しく、構えの足は、左足を出し右足七八寸ほど脇に置きて、切り篭る時、左足をばそのまま置き、右足を出して、力に任せて斬るべきなり。転変肝要なり。

『兵道鏡』の最初の太刀とこの「有無二剣」は武蔵の養父・無二の「当理流」にある太刀名だ。養父の武

◆兵道鏡　第22ヶ条「有無二剣の事」より

『兵道鏡』太刀筋（再現）八本目

1

打太刀（写真右）：雷刀
使太刀（同左）：円明流上段で攻め進み、
（この部分は創作）

2

使太刀：間境で中刀を高く切先を敵の方になして、大刀を我が膝の上へ置く。

3

打太刀：右肩へ斬りかかる。
使太刀：右足を出し、力まかせに太刀で下から手を張り、

4

使太刀：高く上げた小刀で頭に打ち懸かる。または太刀で斬り上げて、筋を変えて切先返しに斬る。

蔵への影響の強さが伺える。無二は武蔵の陰に隠れているが、日本の武術史のなかでとてつもなく大きな存在のようにも思える。言葉遊びになることを恐れず云えば「有無二剣」という命名も「無二の剣で有る」という意味が含まれているのではないかと想像したくなるような太刀名である。「さんかいのかわり」もそうだが、武蔵は時々言葉遊びをしている。ただここの太刀筋は養父の遣い方そのままではなく、武蔵の工夫があるのだろうと思う。

『兵道鏡』（第23ヶ条）

二十三、手裏剣、打ち様の事

一、手裏剣の打ち様は、人さし〔指〕を、刀の峰に置きて、敵を切る様に打つべし。打ちたてんと思うゆえに、たたざるなり。手首すくませて、肩をしなやかに、目付け所のほし（星）を、拳《こぶし》にて突く様にすべし。はじめには、近くやわらかに、切先上がりに立つ様にすべし。間を積る事、敵合一間《けん》の時は、五寸、太刀先を上げて打つべし。一間半の時は、一尺立て、二間の時は、一尺五寸立てて打つべし。星より高く立つ事は苦しからず。下がる事悪しく、勢力入る程、星より下がり、切先うつぶきて、当たるものなり。気を張る事悪しく、打つ時の身の懸かり、あおのきて胸を出し、足を出し、後ろへ乗る事、いかほども乗る程よし。息は、ゑい〱とそら打ち一つ二つして、乗り上がる時、引く息長くして、離れる時、とつと云う息にて、はなすべし。ゑいと打ち咄《はな》す息、悪しく、工夫肝要なり。

武蔵は子供の時から投げ剣に百発百中の才能を示した。目標を定める指示指である人指し指を刀の峰に置き、斬るように打つと具体的な打ち方が示してあって、興味深い。現在伝えられている竹村与右衛門の投げ剣も鍔のない人指し指が峰に掛けやすい小刀である。

なお武蔵が名古屋に遣わした与右衛門は川に浮かぶ桃を脇差で突き刺したという逸話がある。

『兵道鏡』（第25ヶ条）

二十五、実手取りの事

一、たて篭る者とる様。先ず戸口入る様、立かわりて、両の戸わきを、鑓にてせ（探）ぐらせ、二刀は中の下に構えて、刀（脇差）の鞘に、着る物をかけて、小太刀に持ち添えて、左足を出して、構え候なり。さて内へ入る時、鑓を我が左のかたにもたせて、鑓にて、敵の顔を払うべし。敵、顔をふり、気ちがい（驚いて慌てる?）する時、二刀の構えの中段の上に構えて、さて請けて、着る物ばかり捨てて、刀にしらは（白刃）を取り添えて、手を太刀のむねにて、うちはなし、太刀を心本《むなもと》にさし付けて、脇差を、我が脇差に取り添えぬき、二つながら捨てて、敵の右の手を、左の手にて、くつろがざる様、手首を取りて、太刀を、敵の右脇の下より入れて、胸と腕《かいな》を、せかして、うつぶきに倒し、手首と太刀の柄を、足にて踏みて、いずれなりとも、はや縄を、かくべし。取りしむる迄は、鑓にて顔を払うべきなり。口伝これあり。

本条に書かれているのは、屋内に立て籠った者を取り押さえる方法だ。

太刀は小太刀を持ち、小刀の刃に鞘を長く出して架け、その先に衣を架けて、左手に持ち添えた槍で部屋の中の敵の顔を払う、とある。槍を持つ者は別人とも思われる。立て籠もった敵は槍を防ぐが、目の前に急に差し出された衣に戸惑う。そこを二刀で斬りかけ小刀を捨てて賊の右手を掴んで引き倒し足で踏み付けて縄をかけるようだが、あまりに細々と書かれてあり再現できない。

上泉伊勢守の逸話をもとにした黒澤明の映画「七人の侍」ではないが、人質をとって立て籠もる事件は昔は多かったようである。武蔵の養子・伊織は小倉藩の家老の時、立て籠もる賊を、技ではなく身に備わった威厳で武器を持たずに捕らえたという話が小倉藩の逸話を集めた『鵜の真似』にある。武蔵と養子・伊織との考え方の違いが伺える逸話となっている。

『兵道鏡』（第26ヶ条）

二十六、太刀・刀、抜き合い様の事　付たり、あい太刀、あわざる太刀の事

一、太刀・かたな、抜き合い様は、半間、一間の間にては、脇差にて、そのまま切るべし。あい遠き時、脇差を抜くと、はや左へ取りなおして、太刀に手をかけ、陽の位の様に、心を持ち、敵打ち出さば、抜き合わせざまに、そのまま手を払うべし。敵懸らざる時、抜き合い、したき事をすべし。小脇差の時は、抜けよきものなれば、太刀より抜きて、上段に構え、敵よりにくきものなれば、その内にゆるやかと抜き合わするなり。

また、あい太刀の事、定可当のあい太刀、ひたりしゃ（左斜）、上段のとめかすみ。陰位のあい太刀、両手のつき出したる下段、中段。喝咄のあい太刀、片手にてつき出したる中段、片手の左に構えたる上段。陽位のあい太刀、両手の上段。何れも此ふりなる構えにて、心得懸かるべきなり。

また、あわざる太刀の事、定可当に、右の斜、片手の上段。陰位のあわざる太刀、左斜、右斜、片手の上段。喝咄にあわざる太刀、左斜、片手の右の高上、片手の下段も、少しあわず。陽位にあわざる太刀、左斜、右斜、

片手の上段、片手の下段、これらもあわず候。勝味の位は、敵太刀に、しあわせたるものなり。切先返しなどに、少しあわざる事多し。口伝これあり。

定可当や陰位、喝咄、陽位などに構えた敵に立ち向かう構えは、どの構えが相応しいか、また合わない太刀は何かを詳しく挙げている。23歳までの多くの実戦経験から導き出されたものであるが、武蔵は後に構えを否定し、敵に斬りかけ、その動きによって生まれた隙に太刀を斬りかけるだけとなるので、あらかじめ敵の構えでこちらの構えを決めるという考え方は否定されることになる。

『兵道鏡』（第27ヶ条）

二十七、是極一刀の事

一、是極一刀と云うは、もし我一刀ばかり抜き合いたる時の事なり。敵、上手にて、何とも勝つべき様の見えざる時、太刀を後ろに横に構え、手あいをひろく取り、右足を踏み出し、敵太刀合になる時、一つ二つばかり振りて、退《すさ》りて、敵懸る内の透《すき》（隙）を見て、その足をそのまま置きて、過（去）をいかにも強く打って、はやく脇差を抜きて、うけこみて取るを、いかにも心つよく思い、手を取りて切るべし。近くては、短かき程よきなり。せんかたなき時、勝つ故に極意とかうするなり、口伝。

理屈は簡単なようであるが、一刀で戦いながら、ここぞと思った瞬間、脇差を抜くには心と身体がやわらかでないと難しい。

『兵道鏡』（第28ヶ条）（前半）

二十八、直通《じきつう》の位の事

一、直通の位と云うは、兵法の魂なり。前の太刀数どもは、皆これ、人の体《たい》（身体）のごとし。これより外にいる事なし。また除《の》くべき事もなし。もちろん時によりて、少しも出合わざる事もあれども、また、いらでかなわざる事あり。たとえば、眼耳鼻舌手足などの様に作りたるものなれば、この内一つ除きても、かたわになるべし。またここに言う太刀数、みな流通自在に覚えぬれども、直通（の）位の心魂なければ、狂気・酔人証《あかし》なき者に同じ。何れの太刀も追取り、先《せん》をかけ見るに、敵打つ所の星（狙い所）、見ゆるものなり。その時、合う太刀、合わざる太刀を見分け、間《ま》を積み、一念に思う所の星を、少しも違《たが》えず、たとえ大地は打ち外すとも、この太刀努々外れる事なかれと、おそろしき気を捨て、ここぞ直通一打の所なれば、力に任せて打つべし。また敵を入り取るも相違なし、つるつると（足早に）懸かり、はや手に取りつきたると思い、いか程も深く懸かるべきなり。

最後まで、直通の太刀が武蔵の技の極意である。『円明三十五ヶ条』の最後の第35ヶ条にも「直通という極意の太刀」とあり、『五輪書』「水之巻」の最後の第36ヶ条も「直通の位と云う事」となっている。それではこの直通の太刀とはどんな太刀か。後半は次のようにある。

『兵道鏡』（第28ヶ条）（後半）

直通の心なき太刀を、死に太刀と云うなり。よく分別して見るべし。負くるには退《すさ》りても負くるものなり。奥と云い、これより奥もなし。口と云い、これより口もなし。されば、大師（空海）、高野山奥の院を立（建）てんと、山深く分け入りて思えば、いまだ浅し。奥の院となれば、なお深く尋ねゆき、行きて見れば、また家村近く見ゆる。さて、云えり。
中々に人里近くなりにけり　あまりに山の奥を尋ねて、となり。
おく、奥にあらず。口、くちにあらず。兵法大智の我なれば、尋ねさぐるにきどく（奇特・特別な極意）なし。我にまさりて積る者、前々後々にあるべからず。教外別伝たり。

直通はここぞと思う時に、力に任せて打つ太刀であるが、「直通の心なき太刀」とあるように、単なる技ではなく心でもある。「おそろしき気を捨てて、力に任せて打つ」のだから新陰新陰流の祖、柳生宗厳の『没茲味手段口伝書』冒頭にある「第一　勇の事」と同じように、最後にものをいうのは勇気であるという事かもしれない。

右六七々八（二十八）の条々、慶長九年初冬の頃、忽然《こつぜん》として審《つまびらか》に的伝の秘術を積り、明鏡の書を作り、兵道鏡と名づけ、尽《ことごと》く妙術を伝え、第子（弟子）印免の者に之を授ける、今古無双の兵法、後々末々まで、失絶すべからざる為に、先跡（後）無類の秘事等、書き付け置かしむるなり。

後書きは『兵道鏡』が弟子に印可状として与えたものであり、それ以前にもおそらく養父から伝えられた免状を与えたいたことが伺がえる。続けて次のように記す。

たとえ予が直筆の免状の手形有りと雖《いえど》も、この秘巻無くんば、更に必ず状として用うべからず。この条々、学ばずんば、争《いか》でか勝負を決せんや。親子兄弟たりと雖も、その覚悟に依りて、之を授けず。ここに他事をなげうち、執心神妙の旨、此の一巻相渡すものなり。秘すべし、秘すべし、

円明流　天下一　宮本武蔵守

藤原義軽

落合忠右衛門尉殿参ル

慶長十年極月吉日良辰

以上見て来たように吉岡一門との三度の決闘に勝利して「日本一」になったという自覚のもとに書かれた『兵道鏡』には武蔵が最強である理由が書かれている。今後の武蔵研究は本書から始めなければならない。

第三章

武蔵の本当の強さとは

以上見てきたように武蔵は13歳から真剣勝負を始め、29歳までに60余度の試合に勝利をおさめて来た。年に平均4回は勝負をしていたことになる。30歳以降は真剣勝負はしなくなったが、木刀を使った試合は後述するように三宅軍兵衛・夢想権之助・尾張藩士との試合など、いわゆる他流試合を続けている。武蔵にとって朝鍛夕錬は道場や野山での稽古ではなく試合をすることであったと思えるほどの多さである。当時試合はどう行われていたのであろうか。

武蔵の戦いっぷりは、創作として語られる事は数多くあるが、実際に戦った様に迫らねば、本当の強さはわかるまい。

本章では締めくくりとして、実戦の貴重な記録を紐解きつつ、〝無敗〟を誇り得た、武蔵の〝本当の強さ〟に迫ってみたい。

1 巌流島の決闘

3度の決闘で武蔵一人に敗れた吉岡一門は一門の名誉をかけて当然敵討ちを考え、武蔵もこれで終わるとは思っていなかっただろう。しかしそのような仇討騒ぎが起こったという話はない。なぜか。その理由を伺わせる資料が慶長十三年、武蔵が徳川方の水野藩主・水野勝成《かつなり》（家康の従兄弟）に発給している『兵道鏡』だ。つまり武蔵は吉岡一門との決闘の後、水野藩で藩主の肝入りで剣術師範になっていたのだ。水野勝成は家康の従兄弟で、槍をもっての戦場での働き目覚ましく、鬼日向《おにひゅうが》と呼ばれた。一時父の勘気を受けて21歳から36歳の15年間各地を放浪し、関ヶ原の前夜、勝成の才を惜しんだ家康の指示で和解し、関ヶ原の戦い後、父の遺領、刈谷（愛知県刈谷市）三万石を継いでおり、関ヶ原で敗れた武蔵の経歴を問題としなかったのである。これならば吉岡一門は手を出せない。この後も武蔵は水野藩と深く関わっていくことになる。

勝成に『兵道鏡』を発給した2年後、巌流島の決闘となる。

この決闘は養父・無二の代理の戦いなのだ。無二は細川藩の飛び地である杵築《きつき》に道場を構えており、小次郎も細川藩で道場を持っていた。決闘になった理由が細川忠興《ただおき》の従兄弟であり小倉支城の一つである門司城の城代であった沼田延元の没後50年後に編纂された延元の記録『沼田家記』に出ている。

延元様、門司に御座なされ候時、或る年、宮本武蔵玄信（武蔵ではなく無二）、豊前へまかり越し、二刀兵法の師をつかまつり候。そのころ小次郎と申す者、岩流の兵法をつかい、これも師をつかまつり候。双方の弟子ども、兵法の勝劣を申し立て、武蔵・小次郎、兵法の仕合をつかまつり候にあいきめ、豊前と長門の間、ひく島に出合い、後、巌流島という。

おそらく早くから豊後杵築の城下で道場を開いていた「天下無双」の無二と、藩主忠興の許しを得て小倉で道場を開いていた「西国一」の小次郎の門弟の間でどちらが強いかという論争が起こったに違いない。しかしその頃、関ケ原で勝利をおさめ事実上の天下人になっていた家康の眼が全国に光っていたので、城下でむやみに争いごとを起こすわけにはいかなくなっていた。事実、この試合の翌年の慶長十六年、家康は西国大名に「謀反人や殺人者を召し抱えてはならない」などの内容を含む「三箇条誓紙」に署名させており、細川忠興が最初に署名している。やがて真剣勝負も殺人と見做されるようになる。

無二は自分に代わって小次郎と試合をさせるために水野藩にいる武蔵を呼んだのかもしれない。

ともかく、藩内の者による試合ではなく、よそ者の武蔵が城下にやって来て小次郎との試合を望んだので、藩内ではなく藩の支配の及ばない無人島での試合を許可したという体裁を整えたのが真相ではないだろうか。試合については『小倉碑文』に次のようにある。

ここに兵法の達人岩流と名づくる者あり。彼と雌雄を決せんことを求む。岩流いわく、真剣をもって雌雄を決せんことを請う。武蔵こたえていわく。なんじ白刃を振ってその妙を尽くせ。われは木戟（木刀）を提げて此の秘を顕わさん。堅く漆約を結ぶ。長門と豊前の際海中に島あり。舟島という。両雄同時に相会し岩流三尺の白刃を手にし来たり。顧りみずして術を尽さしむ。武蔵木刃の一撃を以てこれを殺す。

小次郎は「燕返し」で名高い。燕返しについては『撃剣叢談』（1843）の「岸流」の項に、「この流に一心一刀と云うことあり。これは大太刀を真向におがみ打ちをする様に構えて、つかつかと進み、敵の鼻先を目付けにして、矢庭に（突然に）平地まで打込むなり。打つなりにかがみ居て、上より〈相手が〉打つところを、かつぎ上げて勝つなり」とある。

小次郎は長い刀で、武蔵が自分の間合いに入った瞬間に真向から斬り下げた。武蔵は小次郎の必殺の一撃を後ろにさがって避けた。普通の相手なら小次郎のこの一撃で倒されただろう。武蔵はかろうじてかわすことができた。しかし小次郎の初太刀は実はフェイントであって、真の狙いは地面にまで打ち下した太刀を、すくい上げる返し技だ。小次郎は初太刀を外した武蔵が小次郎のがら空きになった頭を「ここぞ！」と打ち込んでくるのを一瞬待った。そこに小次郎の誤算があった。

武蔵の木刀は小次郎の「物干し竿」より長かったのだ。

小次郎の初太刀を外した武蔵は、外しながら小次郎を打ちすえた。頭を打たれた小次郎は何が起こったか信じられぬ表情を浮かべて砂浜の上に倒れた。これこそまさに『兵道鏡』最終条で武蔵が「兵法の魂」と呼んでいる「直通の一打」なのだ（183ページ参照）。

遅れることが武蔵の「先を懸ける」ことだったのだ。試合の前日に姿をくらましたのは、小次郎の太刀より長い木刀を用意していることを知られないためだった。『二天記』にある、試合に遅れた、小次郎を怒らせた、という事が事実だったとしたら、その真意は、後ろに提げた木刀の長さに小次郎の注意が向かな写真右：常寸の木刀。写真中：小次郎の剣と同じ三尺の木刀。写真左：武蔵が巌流島で用いたとされる木刀の複製（実物は春風館蔵）。武蔵の木刀には「兵法天下無双 新免武蔵守玄信五代之弟子 立花四郎丹墀眞人峯均入道廓巖翁」と刻まれている。立花峯均は黒田藩の家老・立花重種の四男で、福岡の二天一流の五代目。

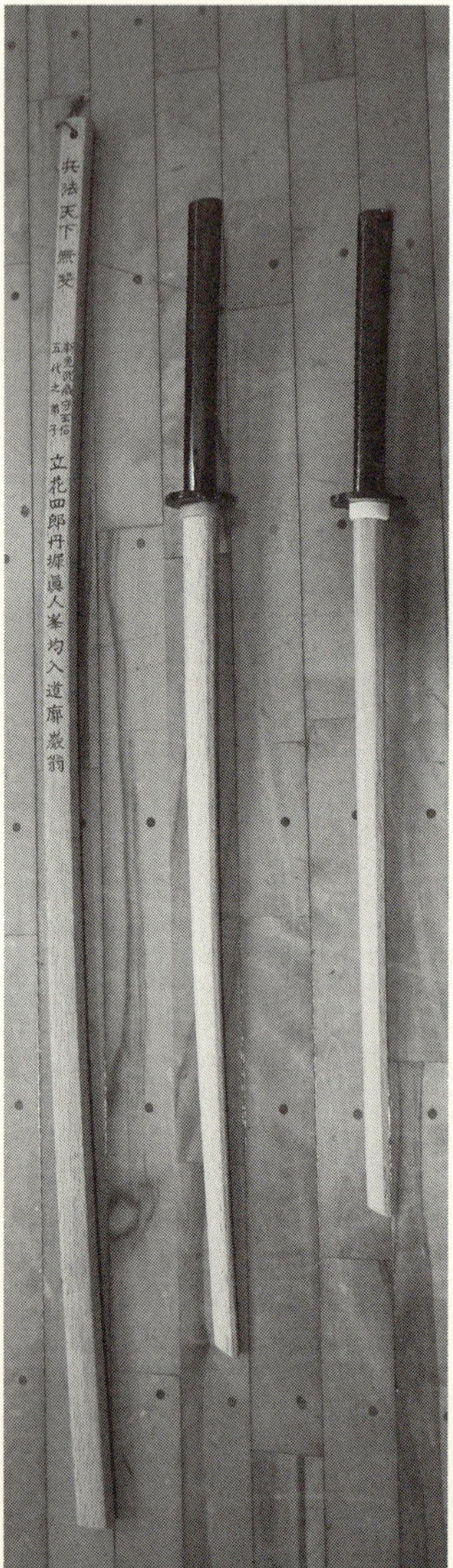

いようにした武蔵の「先を懸ける」作戦だったろう。島に着くやいなや武蔵は小次郎に自分を観察する暇を与えず攻め懸かっていったに違いない。

『小倉碑文』には「両雄同時に会し」とあるが、それは儒教的精神に富んだ伊織が、武蔵が遅れたことを卑怯な振る舞いと解し、その汚名を消すためにあえて加えたことであろう。同時に会うのは当たり前であるのに、わざわざ「同時に会し」と書いていることが却って武蔵が遅れたことの証拠ともなっている。

『沼田外記』によると、この一撃で小次郎は死なず息を吹き返したが、隠れていた武蔵の弟子が小次郎を打ち殺した。そこで小次郎の弟子たちが敵討ちをしようとしたので、延元は武蔵に鉄砲隊を護衛に付けて豊後の無二のもとに送り返したという。細川藩が関わっている決闘に武蔵の弟子が倒れた小次郎を打ち殺したとは思えないが、小次郎の弟子が騒いだのは事実だろう。どうして騒動がおきたのか。

おそらくこの時も吉岡清十郎との試合と同じように、一撃で相手を倒した場合、2度は撃たないという約束があったのではないだろうか。だから武蔵は小次郎を一撃で倒した後、倒れた小次郎を見つめた。しかし小次郎にとって初太刀はフェイントであったので、武蔵に撃たれた後、小次郎は朦朧とした意識の中で、倒れたまま「燕返し」の秘剣を武蔵目がけてすくい上げたのではないか。それは鋭い返し技であったに違いない。小次郎の二の太刀をかろうじて外した武蔵は、負けを認めていない小次郎めがけて二の太刀を打ち下したのだ。小次郎にとっても武蔵にとっても決闘は終わっていなかった。

仮に小次郎がそのまま倒れていたら、武蔵が二の太刀を振るうことなく、小次郎は吉岡清十郎のように蘇生しただろう。しかし事情を知らない小次郎の門弟たちは、小次郎の遺体が最初の一撃だけではなく致命傷となった二の太刀を受けている事に、一撃だけという約束を破ったと騒ぎ出し、敵討ちを計画した。その騒ぎが大きくなったことを警戒した藩は城下で騒動が起こらないようにと鉄砲隊を付けて武蔵を無二の道場まで送り届けたのだ。

武蔵はこの後、二度と真剣勝負をしなくなった。真剣勝負がしづらい時代になっていた事も事実であるが、それだけではないだろう。武蔵は「我、三十を越えて跡をおもいみるに、兵法至極して勝つにあらず、おのずから道の器用有りて、天理を離れざる故か、または他流の兵法、不足なる所にや」と反省している。

それまでに60回も勝負をしていた武蔵はなぜ小次郎との勝負をした後、二度と命をかけた決闘をしなく

◆巌流島の決闘再現

小次郎（写真右）の狙いは返しの二の太刀。三尺の長い剣でもギリギリ届かぬくらいの遠間から布石としての一の太刀を打って行く。

1

2

3

武蔵は間合いを見切りつつゆるゆる外し振りかぶる。

小次郎は、武蔵が自分の刀を上回る長さの木剣を手にしている事に、この時点では気付けない。

4

全長にして五尺（約150センチ）に及ぶ武蔵の長木剣がその間合いのまま小次郎の脳天をとらえる。

小次郎に二の太刀を返す余裕はなかった。

なったのだろう。これまでの武蔵論はこの点について十分な説明がなされていない。

鉄砲隊に護衛されながら帰途についた武蔵は深い挫折感を味わったにちがいない。小次郎の様子を冷静に観察していたら小次郎の二の太刀は身を引くだけで躱せたはずだ。しかし『兵道鏡』の最初で〝試合をする時一番重要なのは敵をよく見ること〟だと言っていた自分が、決闘の場をよく見る事なしに、無用な必殺の一打を振るってしまった。それまでの60度の決闘の勝利が全否定されてしまうような虚しさを味わった事だろう。「兵法至極して勝つにはあらず」という反省は、きっとこうして生まれたのだ。

これはあくまで私の想像でしかない。しかしそう考えなければ、武蔵が深い反省の元にそれから命がけの決闘をやめ、「兵法至極」の朝鍛夕錬の道を歩み始めた理由は理解できないのだ。

決闘の後武蔵は再び水野藩に戻ったと思われる。なぜなら巌流島の決闘から五年後に起こった大坂夏の陣に武蔵は勝成の長男の護衛として水野軍の旗本として出陣している。吉岡一門との決闘の後と同じように小次郎の弟子たちは手が出せなかっただろう。夏の陣の後、水野藩が大和郡山六万石に転付になった際は、武蔵は水野藩から離れ故郷の姫路に戻って道場を開いいる。

なお武蔵は水野藩に滞在中、藩の武者奉行、中川志摩之助と友誼を深め、後に故郷の姫路に帰った時、志摩之助の子、三木之助を養子にしている。三木之助は姫路に入国した本多忠政の子の忠刻《ただとき》に児小姓《ちご》として従ったが、忠刻が三十一歳で病死した時、武蔵に別れの挨拶をした後，殉死した。二十三歳であった。

吉岡一門との決闘前後から大坂夏の陣の頃までの水野藩と武蔵との交流のさらなる資料が今後発掘されることを期待したい。

2 巌流島以降の他流試合

戦国時代末の剣術流派の勃興期においては、試合は戦場での戦いの延長上で、命を賭けた真剣勝負か木刀が使われていた。木刀でも命の保証はなく、打たれれば致命傷か大けがをする。

武蔵と清十郎との試合は倒れたら2度は打たないという約束だった。しかし清十郎は大けがして不具になっている。2度目の決闘相手の弟・伝七郎と三度目の決闘の名義人・吉岡亦七郎を武蔵は打殺している。巌流島も結果的には死闘となった。「兵法至極して勝つには非ず」という反省のもと、30歳以降は武蔵は多くの場合、二刀で敵を追い詰めて負けを認めさせて勝っている。

戦国時代末から江戸時代初期の殺伐とした時代の中から天下統一した徳川家康の課題は、戦いを終わらせたあとの「武」をどうするかという事だった。

大坂夏の陣で豊臣家を滅ぼした家康は、元和元（1615）年「元和偃武」（=平和になって武器を伏せる）を宣言し翌年二代将軍秀忠の名で「武家諸法度」を公布する。しかし徳川家の安泰のために多くの外様大名が取り潰された。家光までの時代は武断政治だった。

元和以降の武蔵の試合はどう行われたのか見てみよう。

①東軍流　三宅軍兵衛との戦い

武蔵は巌流島の決闘の後、水野藩の剣術指南を続けたと思われる。というのは、慶長二十年の大坂夏の陣に34歳の武蔵が、水野藩の軍勢に勝成の嫡男を護衛する騎馬武者として名を連ねているからである。尾張藩の松平君山の『黄耈雑録《こうこうざつろく》』に武蔵の夏の陣での働きについて記述がある。

宮本武蔵は兵法の達人なり。（中略）大坂の時、水野日向守が手に付き、三間ほどの志《し》ないのさし物（旗指物）に「釈迦は仏法の知者たり。我は兵法の知者たり」と書かれる。よき覚《おぼえ》（名誉ある働き）はなし。何方《いずかた》にて有られん橋の上にて、大木刀を持ち、雑人（雑兵）を橋の左右へなぎ伏せられる様子、見事なりしと、人に誉《ほめ》られる。

水野軍は後藤又兵衛の軍勢を撃退している。又兵衛は討ち取られ、真田幸村勢を殿《しんがり》として退却をする大坂方を追って水野軍は石川にかかった橋を渡って最初に追撃をしている。武蔵が戦場で刀を使っていないのが興味深い。橋を渡って大坂城に逃げ込む敵を追いかけ、最後に逃げる雑兵を大木刀で左右に打ち倒したものと思われる。まさに名誉ある働きではないが、多くの場合、退却の際は身分の高い名のある武士は先に逃げるので、武蔵は逃げ遅れた雑兵を相手にするより仕方なかったと思われる。

そして戦いの後、水野勝成は大和国郡山六万石に転封、武蔵は故郷の播磨に帰ったようだ。播磨五十二万石は池田輝政の孫の光政が幼少であったため本多藩の姫路と小笠原藩の明石に分割された。

武蔵は姫路で道場を開いている。その道場の看板に「日本第一剣術の達人宮本武蔵」と掲げていたのを見た姫路に入府した本多藩の藩士たちは、徳川四天王の第一位である本多家の城下で無礼であると藩第一の剣客・三宅軍兵衛を試合に送った（『尾参宝鑑』）。その時の試合の様子が山田次郎吉『日本剣道史』にも載せられている。

軍兵衛は東軍流の得意、かつたびたび戦場に出て心得のある者である。木太刀を執《と》れば武蔵も同じく二刀を執り、たがいに角《かど》と角とに退がり、武蔵は二刀を併せて組む円曲の構えで軍兵衛の鼻先へ突きつけた。軍兵衛が機をみて拝み打ちに打ち下すと、武蔵は二刀を分けて軍兵衛の木刀を外し、一歩さがって再び二刀を組み合せた。再び打ちかかると、また二刀を分けて外し、一歩退がって組合せる。武蔵が戸口まで退がって、もはや退がる余地がないところを、「ここなり」と軍兵衛は、三太刀目は木刀を中段に構え韋駄天《いだてん》の如く鋭い突きを入れた。武蔵は「危ない」と声を掛けて左の木刀で軍兵衛の頬を突いた。軍兵衛の頬から鮮血がながれ、自分の勢いでかえって傷つけられてしまって閉口している軍兵衛に、武蔵は微笑《ほほえ》みながら、「先ず血を拭いなさい」と控えた。同行した三人もこの試合をみて、一同、武蔵の悠揚《ゆうよう》迫らざる姿に感服して、皆、門人になったという。

巌流島までの戦い方とは全く様相を異にしている。武蔵は円曲の構えをして、相手に打たせている。後に軍兵衛はこの時の武蔵との試合について、自分は生涯に恐ろしいことが二度あった。一つは大坂夏の陣で両軍が向かい合い、槍先を揃えたままで殺気の中でしいんと静まり返った時で、もう一つは武蔵と立ち合った時、武蔵が二刀を提げて戸口より現れた一瞬、大坂の陣の時より恐ろしさを感じた、と語っている。試合に臨む武蔵にはすごい気迫があったようだ。

二刀を組合せて先を懸けて攻め、自分からは打っていかないでもはや退がる余地もないまで退がって相手に打たせている。この退がることができないまで退がる事が武蔵の誘いだ。追い詰めたと勘違いした軍兵衛は、三太刀目は同じ間合いで今度は必殺の突きを打ちかける。恐らく武蔵はゆるゆると外したに違いない。しかし軍兵衛は勢い余って武蔵が前に出した木刀に自分から当たってしまったのだろう。武蔵は軍兵衛の太刀筋を見切って身体を少し動かすだけで何もしなかったに違いない。後に武蔵は『五輪書』の「火之巻」で同じ攻撃は2度まではよいが、3度は繰り返さないようにと「山海の替り」で論じている。最初の2回は拝み打ちで3回目は突きと違いはあるが、2度退さがらせたので3度も同じ拍子で打っていったのだろう。

「三回」に「山海」を掛けるなど武蔵のしゃれた言語感覚は興味深い。あるいは晩年なので表に出したので、試合をしていたころは隠していた実戦での用語であったかもしれない。

②神道夢想流　夢想権之助との戦い

龍野にも武蔵の道場があり、武蔵は多田祐甫等に指南している。現在遺されている『兵道鏡』はこの多田家に伝わった伝書である。

この頃、武蔵は播磨の地理に明るいため、その後入府した明石の小笠原藩の町割り（城下町の建設）にも携わったようである。明石にある武蔵の道場での夢想権之助との試合が寛文六年間の『海上物語』に語られている。兵法自慢の夢想権之助が仕合を申し込んできたので、武蔵は承諾した。

> 権之助よろこび、さらば某《それがし》打太刀を仕《つかまつ》らんと云いて、錦の袋より、本《もと》より末まで筋金を渡したる四尺余りの木刀を出す。武蔵は（削りかけていた）揚弓を割りたる木の切れの二尺ばかりなるを、おっ取り立ちあがり、打ちて御覧ぜよと云う。権之助、透間《すきま》なく打ちてかかる。
> 武蔵、かの木きれを以てちょっちょっと止めて太刀を出させず。権之助、太刀を返して揆《なぐ》りければ、武蔵が袖の下、羽織のえりに木刀の先、打ち当たる。この時、権之助、高声に、当たれり当たれりと云う。
> 武蔵聞き、いや、かように当たるを当たりたるとは云わず。かように当たって何の用にたらむや。さらば我当て見せ申さむと云いて、又打合わせける。
> 権之助、随分打たむと思う気色、面にあらわれて打ちてかかりけれども、太刀を出すこと叶わず、覚えず（思わず）志さりけり（後に退がった）。武蔵、座敷の隅に追い詰め、ひしと眉間を打つ。俄《にわか》に色付き、はれ上がりたり。ここにおいて権之助、大いに悲（非：自分の至らなさ）を知り、弟子となるなり。

四尺あまりの自慢の大木刀を提げた権之助に二尺の木きれで立ち合った武蔵。権之助は「何を小癪な」と怒りをあらわにして打ち懸ったに違いない。ちょいちょいと外した武蔵に、権之助は完全に平常心を失っていただろう。

先に見たように『兵道鏡』で「平生稽古の時よりは、心やすく、自在にしたき事をして、いかほどもゆるゆるとしたる心にて、大事にかくること肝要なり」、また『円明三十五ヶ条』の第2ヶ条には「常住兵法の身、兵法常の身」と書いている。戦いの場で平常心でいる事こそが、武蔵が常に心掛けている戦い方なのである。

以上の軍兵衛と権之助の試合は二刀を使う利点がよく示されている。二刀は左右の防御が同時にできており、敵はどう打つか戸惑う。武蔵はそこを二刀で攻めて追い詰めるか、相手の攻撃を二刀でかわしながら退がり、無理な攻撃をするよう誘って勝つ。

30歳以前の試合では二刀は、主に一刀を投げ、先を懸け〝思いがけない事をする〟のに使い、30歳以降は、相手を追い詰めて勝つのに二刀を使ったようだ。

③宝蔵院流槍術　高田又兵衛との戦い

その後明石の小笠原家は熊本に転封になった細川藩に替わって小倉に転封となる。武蔵がいつ小倉に移ったかは明らかでないが、正月の祝いで小笠原藩主の前で、槍の名人・高田又兵衛と試合した話が伝わっている。

試合は一進一退、僅かに三合（三度攻防があった）で、形勢はいずれとも分らぬように見えた。処が又兵衛は槍を投げ出して、参ったと一言叫んだ。不審に思った藩主は、どうしたか訳かを尋ねると、又兵衛は、「槍は長く、剣は短く、長を以て短に敵するに七分の利がございます。只今は戦三合で勝つことが出来ません。私の負けで御座います」と申すのであった。藩主の嘆賞、そして一同の喝采は大きいものがあったというのである。(『豊前国史』)

江戸時代中期以降の試合を予告するような試合運びだ。

寛永十四（1637）年に勃発した島原の乱に、武蔵は小笠原藩と一体となって戦った中津藩の若い藩主の護衛として従軍して、足に負傷している。乱の後、寛永十七（1640）年、武蔵は熊本藩主・細川忠利に呼ばれて熊本藩の客分となった。

正保二(1645)年、武蔵は64歳で熊本で没した。6年後の慶安四(1651)年、三代将軍家光が没する。武蔵は関ヶ原の戦いに19歳で参戦し、以来、家康・秀忠・家光の三代にわたる徳川将軍の武断政治の時代を生きた事になる。武蔵塚には「兵法天下一　新免武蔵居士石塔」と刻されている。

家光が亡くなる9日前の4月11日、小笠原藩主の前で武蔵と試合をした高田又兵衛が、家光の前で試合を上覧している。『徳川実記』には「これみな御病間御心なぐさませ給わんためとぞ」とあるが、単なる病床の慰めではなく、太平の世の武術の試合は勝負を競うのではなく、流儀の形を打ち合う演武でなければならないということを天下に示すためではないかと私は思っている。試合もあったようであるが勝敗を決めておらず、同一流派での立合いで、他流と競わせることはなかったと思われる。この間、「二月十一日、御座所に柳生宗冬を召して面命あり」「二月二十九日、柳生内膳宗冬招見せらる」と二度も、十兵衛の死後江戸柳生三代となった宗冬を病床に呼んで話し合っている。家光は死を前にして泰平の世のあるべき試合を示すという宗矩との約束を果たそうとしたのではなかろうか。

家光の死から3か月後、政権交代の混乱に乗じて由比正雪の乱が起こったがすぐに鎮圧された。酒井忠勝・松平信綱などの老中が保科正之・井伊直孝・御三家の協力を得て幼い将軍を盛り立て、武断政治から文治政治への安定した政治を行った。殉死や他流試合が禁止され、武術も様式化され四代将軍家綱が17歳になると、1月3日に宗冬を召して剣術始めを行い、以後、慣例となった。家綱の時代になって「元和偃武」は実質的にも達成された。

④武蔵以降の時代

四代将軍家綱の時代に他流試合は禁止されている。他流試合禁止は以降幕末まで、幕府の基本方針となった。一般に四代将軍以降は試合をせずに形の稽古だけが行われていたと思われてきた。しかし今日まで誤解されているように試合自体が行われなかったわけではなく、他流との試合が禁止されたのであって、自流内では、試合が行なわれていた。

五代将軍綱吉の治世の初めの天和四（1684）年に描かれた菱川師宣の浮世絵に槍と薙刀の「入身試合」の絵がある。入身試合とは槍を持った相手に防具をつけて薙刀や太刀で立合い、突いてくる槍をかわす稽古である。槍で防具を着けた場所を突けば勝ちとなり、竹刀や薙刀を持ち防具を着けた方は槍を打てる間合いに入り込むことができればそれで勝ちとなる。入身試合は広く幕末まで行われていたようで、紀州藩の『南紀徳川史』に入身防具の絵が載せられている。また幕末に設立された講武所の構想を述べた意見書に「鎗剣とも形はこれなく、一同試合の稽古」をする、特に槍術は（入身試合ではなく）両方が防具をつけた「対等の試合」をさせたいとの記述がある。

ここで武蔵以降の尾張の円明流をみてみたい。尾張の麒麟児と称された柳生連也と兄・利方が家光に呼ばれて兵法上覧したのが27歳で、61歳で隠居したのが貞享二（１６８４）年である。連也が活躍したのは主に四代将軍・徳川家綱の治世の時であったので、『昔咄』にある尾張藩士・福富三郎右衛門と連也との試合も他流試合が禁止された家綱の時代の事だったろう。尾張の柳生新陰流は名古屋滞在中の武蔵に負けてばかりいた。その柳生流が武蔵の円明流に勝った話である。

尾張藩士・福富三郎右衛門は初めは柳生流だけでなく槍・長刀・居合・組打ちなど多くの武芸に奥秘まで達していたが、円明流の彦坂愚入（竹村与右衛門の弟子で三枝系尾張円明流三代）の弟子になって新免無二流の二刀流を学んだので柳生家の不和になったとして、

二刀習練の後に、連也と仕合せしに、ことごとく皆連也かちて三郎右衛門切り出す事もならざりし。然れども色々の事ありて、不和なり。殊に連也が外に三郎右衛門に勝つ者なかりし故、ついに一家をたて、円明流と称して指南せり。

どんな試合かは明らかでないが、三郎右衛門は柳生流という事で同門の試合となったと思われる。なぜ連也は三郎右衛門に勝ったのだろうか。武蔵の刀法の極意である先に仕掛け相手の打ちを誘う「探り打」を新陰流の極意技「くねり打」に取り入れて遣ったためではないかと想像する（ＤＶＤ『最強の二刀流入門』

に収録)。この技が『刀法録』に書いてある二刀流に勝つ「対二刀勢法」の中にある技ではないか。その技を私が再現し、春風館関東支部では盛んに稽古している。

次の元禄時代に活躍したのが尾張円明流の中興の達人といわれる左右田邦俊である。邦俊は尾張藩二代藩主光友に五代将軍綱吉の治世の初期の貞享三(1686)年に150石で召し出されて、元禄八(1695)年に32歳で智義から目録を、宝永元(1704)年41歳で印可を受けて尾張円明流(左右田系)五代を継いだ。邦俊は五代将軍綱吉の治世を生きたことになる。邦俊の試合については次のような話が伝えられている。

八田智義の指導の下、頭角を現してきた邦俊に腕試しをしようと挑んで来た仲間を、木刀の替わりに墨をつけた筆で応じ、全員の顔に墨を塗りつけたという。また師範になった後、彼が碁に熱中しているときの事。門弟らが「さすがの先生も、今なら隙もあろう」と後ろから打ちかかろうとすると、それより先に「お前らにどうして打たれようか」と声を掛けられ、門弟一同は驚いて平謝りしたという。

さらに甥で猪谷流剣術の印可を持つ菅谷興政が、邦俊の門弟らの稽古ぶりをみて「円明流はやわらかな流儀だ。とうてい猪谷流の敵ではない」と言ったので、「やわらかなればこそ、強い敵にいつでも勝てる」と諭した邦俊に、「私も猪谷流の印可を受けた身、立合いを願いたい」と申し出て立合うことになった。試合でなく従兄弟に稽古をつけるという形をとったのであろう。大木刀を持つ九郎右衛門に、邦俊は短い女竹二本で円を描くようにしてにじり寄り、縁の外にまで追い詰め、二本目も同じような展開となり。最後は胸を蹴って倒してしまった。そこで九郎右衛門は猪谷流を捨てて邦俊の弟子となったという。

江戸時代、他流試合が禁止されたのであって自流同士の試合が禁止されたわけではなく、柔らかな竹刀や時に簡単な防具を着けて試合が行われた。流派ごとに色々な防具が遺されている。

六代将軍家宣と七代将軍家継の正徳年間、直心影流の長沼四郎左衛門が防具を作り、九代家重〜十代家治の宝暦年間（1751〜1764）、一刀流の中西忠蔵が現代の防具とほぼ同じように改良し、試合が行なわれやすくなり、両面試合が幅広く行われるようになる。

十一代将軍・家斉の時代、寛政の改革を行った松平定信の伝記『御行状記料』に「御剣術は新陰流にて、御師範は田安家御家臣、木村佐左衛門是有は西脇流なり」として「御年若き時は、数々試合ばかり多度為し給う」と書いてある。定信は八代将軍吉宗が創設した御三卿の一つ田安家の出であり、宗矩・十兵衛系統である西脇流の柳生新陰流を学んでいた。柳生新陰流は徳川将軍家の御家流であり、試合はしなかったと思われているが江戸柳生は別として柳生新陰流でも自流内では試合を行っていた。

定信が部屋住時代に書いた『修身録』では武芸について「当時は多く理屈の流はやりて、禅学の如くになるなり。およそ剣術は、何かしらずに打合う所に、自然と勝負の味を覚えたるがほん（本当）の事なり。理より出たる術は、誠にはたけ水練にて何の用にたたず候」と書いている。

天明三（1783）年、26歳で白河藩の藩主になった定信は、毎年2月と8月に武備・武芸の訓練を兼ねた武芸祭を行い、弓・馬・剣・槍・鉄砲について各流の代表2名を選び、朝から夕方まで競わせた。

各流派から2名選んで朝から夕方までということは、自流同士で競わせたのであり、幕府が定めた他流試合禁止は守られていた。

天明七（1787）年四月、家斉が十一代将軍に就任。定信は6月に30歳で老中主座になると寛政の改革を断行した。定信はさかんに武芸を奨励し、田沼期に腐敗した武士を質実剛健な本来の武士に戻すことを第一の目的にしたが、それだけでなくこの頃からしばしば外国船が日本近海に姿をみせ、寛政四（1792）年にはロシアのラクスマンが鎖国中の我が国に正式に通商を求めて根室に来航したため、海防政策が幕府の重要課題になり、国防のためにも武芸が奨励された。

一方で幕府は文政八（1825）年、異国船打払令を出したが、海に面した諸藩を中心に危機意識が高まり、他国と戦うために必要な他流試合への欲求が生まれ、各藩は他流試合を奨励するようになる。文政十二（1829）年、会津藩の宝蔵院流師範・志賀重方はしばしば諸国へ他流試合に出かけたという。

⑤千葉周作の時代、到来

定信が失脚した後、家斉の晩年の天保五（1834）年、水野忠邦により天保の改革が始められる。外国船の往来も一層頻繁になり忠邦も国防のために武芸を奨励する。

他流試合禁止の令が解かれたのはこの頃と言われている。時期がはっきりしないのは、そもそれ以前から他流試合禁止は守られていなかったためであると思われる。一方、幕末まで他流試合禁止を続けた藩も多かった。先の重方の子・重則は天保十二年（1841）年、山陽地方を経て九州に渡り各地で他流試合をして勇名を轟かせ、長州藩では3年後の弘化元年（1844）、重則を招聘して教えを受けた。九州の柳川藩・久留米藩は早くから他流試合を行い武者修行を受け入れていた。

第十二代将軍家慶は天保・弘化・嘉永を通じてしきりに武技上覧を行っている。当時の政治情勢は、天保十三（1842）年、異国船打払令を改め薪水給与令。弘化元年（1844）年、オランダ国王は開国を勧告したが、幕府は弘化二（1845）年に開国勧告を拒否し、翌月文武奨励をし外国船に備えた。こうした情勢の中で他流試合を求めての廻国修行は嘉永・安政といよいよ盛んとなる。

武者修行者の多くは行く先々の藩の道場で試合をし交流を深め、江戸を目指す。当時江戸では千葉周作を中心に剣術上の改革が行われ、流派を越えて自由に打ち合う方式が大流行を引き起こす。

千葉周作の剣の特徴は当時江戸で流行した「つっかけ草履」で歩く町人の足運びを真似て踵を上げた軽快な足運びと、竹刀を小刻みに「鶺鴒《せきれい》の尾」のように動かし、タイミングを計って飛び込んで、「斬る」のではなく「打つ」竹刀捌きによく表れている。その教え方の分かり易さも相まって江戸で人気を博し、千葉道場の門人は三千に達したと言われ、幕府の度々の禁止令にも拘わらず町人や農民も多く入門した。当時、剣術は武術というより現在のスポーツ熱の様相を呈していた。千葉周作は農民の出だが水戸の弘道館に出張教授に招かれ、49歳の天保十二年には百石馬廻り役として武士に取り立てられている。安政二（1855）年、63歳で没。子供たちもいずれも名人の名が高く、次男の栄次郎は竹刀を空に投げ、落ちて来た竹刀を受けるやいなや相手を打つなどの「曲遣い」と呼ばれる曲芸的で軽快な竹刀さばきを遣い、「千葉の小天狗」の異名をとった。他の江戸の多くの道場も皆千葉方式を採用し一大ブームを引き起こした。地方の各藩の道場も始めは旧来の方式を守っていたが、江戸詰めの藩士の影響で江戸の方式を取り入れる場合も多かったし、水戸藩や長州藩のように藩で江戸道場から師範を招聘することもあった。

⑥二刀流　牟田文之助

佐賀範士で、武蔵二刀流の系統である鉄人流（佐賀で興隆・流祖は武蔵に学んだ青木城右衛門）の牟田文之助は22歳の時、藩から許されて嘉永六年から安政二年まで2年の間、全国を武者修行をして、この間の詳細な修行の記録を書いている（『剣術修行の旅日記―佐賀藩・葉隠武士の「諸国廻歴日録」』）。そこに、その後の武術の展開を予測させる極めて重要な情報がある。

文之助の二刀流が珍しく各藩の道場で歓待を受け、多くの見物人が集まり、1日80試合を行った記録もある。当時は勝敗を決めないで打ち合う打ち込み稽古、現代剣道でいう「地稽古」であったので、打っても打たれても「自分の方が7、8割がた勝っていた」と自己採点をし、遺恨を生じることなく、和気藹藹《あいあい》と終わって、「貴殿もなかなかやるな」「いや貴殿こそお強い」と言い合って交流を深め、最後には多くの場合酒盛りになったようである。

興味深いのは当時全国的に有名になった江戸の三大道場の達人たちへの文之助の評である。

当時千葉周作の次男、栄次郎と、斎藤弥九郎の三男で「鬼勧」と云われた斎藤勧之助のどちらが強いだろうかと江戸の町で噂の種になっていた。この2人に対し、文之助は、練兵館の勧之助に対しては、練兵館での最初の立合いでは「妙なり」…うまかったと評価している。しかし後に長崎の大村藩の師範として招聘された勧之助と廻国修行の途中立ち合った時は、観之助の仕方は「江戸仕込み」でコスッからい技が多く笑止千万と評している。

周作の後を継いで玄武館の道場主となっている栄次郎には立合いを申し込んだが、口実を設けて何度も断られ、文之進は尻尾を巻いて逃げる姿は「腰抜けの極み」と書き、百人以上出席していた寒稽古では選ばれた12名と立ち合ったが、自分の方が七三か八二の割りで勝ったと書いている。

さらに桃井春蔵の士學館では、春蔵に体調が悪いからと断わられ、暴漢2名を斬った事もある名人と名の高い高弟の上田馬之助との試合では「自分の方が勝っており、面白かった」と書いている。さすがに実力は江戸随一と言われていた男谷精一郎の事は「老人の稽古誠にかんしん仕候」と称賛しているが、他の門弟はたいしたことないと評している。

確かに文之助は武者修行の過程で各地で達人との評判を得ている。二刀流が珍しかったようで地方の道場の門人達は率先して文之助との立合いを望み、藩士や一般人の観客が時には200人以上集まった。しかし当時天才的とも言われた全国的に名の通った前述の剣客の誰よりも強いということはなかったであろう。それでは文之助はなぜそのような感想を持ったのであろうか。

おそらく当時江戸で流行した、飛び込んで防具で守られた小手・面・胴をポンと軽く打つ方式が「こすからく」軽業のようで馴染めず、審判がいたわけではないので、文之進は負けた気がしなかったのであろう。多くの地方では刀で斬るように竹刀を扱う方式が守られていたであろうし、当時はまだ江戸の方式は多くの地方には広まっていなかった。江戸の道場の方でも、どんな場合でも勝たなければならないのが本来の武道なので、こう軽く打つのが今風であるという言い方はできなかったのであろう。当時盛んであった足を打つ柳剛流とも立ち合っている。

江戸の著名な道場で断られたのは、文之助の二刀流に興味を示して集まった門人や多くの見物人の見る前で江戸の道場の実力者たちは旧来のやり方で打たれ評判を落とすのを嫌ったのであろう。江戸の名人達は文之助の昔ながらの斬り合う稽古ぶりを苦々しい思いで見つめていたことは想像に難くない。地方と江戸の方式に大きな違いがあった。

江戸の軽妙な竹刀捌きが後世、剣道の元となる。しかし以上の対立は明治以降現代に至るまで問題を残している。昭和の剣聖と言われた高野佐三郎と中山博道の対立である。

飛び込み面は軽くも一本と認めると主張した一刀流系の佐三郎に対し、神道無念流を学んだ博道は古流に飛び込んで打つ技は一本もないと言い、歩み足で短い竹刀を使った。しかし集団指導方式により学校に広まった佐三郎の方式が主流となった。余談であるが、現代剣道も剣道連盟が「剣の理法の修練（による人間形成の道である）」という理念を挙げるならば、中山博道の考え方や、江戸道場のやり方がブームになった以前の勝ち負け決めず自由に打ち合う試合方式をもう一度見直す必要があると思われる。古流同士の試合は他と比べるのではなく、自流または自分の技の自己吟味に使うところに利用価値がある。

さて、江戸後期の尾張円明流はどうなっていたのであるか。尾張藩から円明流の藩士が武者修行に出た記録があれば興味深いのだが見当たらない。ただし柳生厳周が京都で二刀流と立ち合ったという記録はある。

幕末から明治にかけて尾張での柳生流と円明流の様子を知る資料に『新修　名古屋市史　資料編　近世3』がある。そこに記載されている「師家姓名」によると嘉永五年の尾張藩の剣術師範は、円明流6家（門人総数263名）新陰流4家（342名）、行詰流2家（79名）、その他は猪谷流（116名）、神影流（72名）、融和流（93名）、佐々木流（42名）、玄流（18名）が各一家である。

新陰流の師範は柳生忠次郎、市橋新内、河野藤蔵、大橋勝四郎の4名。円明流は伊藤孫兵衛、三枝又吉、岩間武太夫、市川余所吉、丹羽織江、太田忠次郎の6名である。

円明流の師範・市川余所吉は尾張貫流槍術の師範家でもあり、春風館の神戸金七に貫流槍術と円明流を相伝している。伊藤孫兵衛は安政より初年にかけて尾張藩の円明流の師範である。この孫兵衛が幕末から明治にかけて編成された尾張藩の支配地である清洲の非常守の師範に迎えられていた。非常守とは外国船に備えての海岸防備や幕末の混乱期の治安維持のために組織された農兵隊である。清洲の非常守と円明流との関係については長屋隆幸『尾張藩非常守から見る幕末の農兵』の論文に詳しい。

武田家は酒造を生業とし18世紀後半に出た新蔵晨形《ときかた》（明治2年に竹田と改称）は幕末には清洲宿の村政の中心的存在となっている。この竹田家に伝わる文書が現在名古屋大学図書館所蔵の「竹田文書」である。

それによると尾張藩は非常守に陣屋で一刀流を稽古するように命じたが、清洲の非常守を指揮する下裁許人に選ばれた武田新造晨形は、自分のところではすでに円明流を学んでいるのでそのまま伊藤孫兵衛について一刀流ではなく円明流を修行したい、また陣屋での稽古だけでは足りないので自宅の道場でも有志を集めて稽古したいと願い出て許可されている。

私は平成28年9月、当論文に注目した私の稽古会の門人（目録）で慶応大学史学科出の金澤裕之氏と名古屋大学図書館に出かけ、未整理の「竹田家文書」を石川寛准教授の指導の下、長屋氏に閲覧させて頂いた。「十一月二十四日付竹田新造宛伊藤孫兵衛書状」「文久四甲子正月　円明流門人帳」その他円明流の稽古日と出席者名簿、円明流竹刀の修理にかかった費用の明細など膨大な資料がある。

それによると尾張藩の豪農の間で、武蔵の精神を受け継いで実戦を重んじ、試合や一人に何人もが次々にかかる立切稽古も行われていたようである。組合せの詳細な記録も残されていた。伊藤孫兵衛の父が孫六である。この孫六について興味深い逸話が昭和9年発行の「名古屋市史　人物編第二」に収録されている。

孫六は壮年の頃将棋に熱中していたが一老士に、いやしくも両刀を帯びる身が如何にして身を護り主君を護るのか。なぜ剣を学ばずして将棋に浸るのかと諌められ、発奮して馬場市右衛門に従い円明流を学び励精刻苦して神妙の域に達した。江戸藩邸にあるとき、試合を申し込まれ、部屋に端座して刀で自分を打てといったので、次々と気合いもろとも打ちかかったが身を左右に転じて打ち込みを外すばかりであった。そこで後ろから気合いを懸けて打つと欺いてみたが、孫六は今度は動かなかった。また道を行く人がどの方向に行くか当てたので門人が怪しみてその訳を問うたところ、「兵法の妙は明察を以て機先を制するにあり」と答えた。

孫六は円明流中興の達人と称されたという。天保十二年二月十四日に80歳で没した。当日別に見せて頂いた昭和十六年発行の『清洲見聴誌』「竹田晨正と武道」の中に晨正の道場の修行者に対する心得が掲げられている。その最初と最後の項目を見てみたい。

定

一　当所において嗜の直道練磨の儀は永久御国恩奉報心得に而遊慰の筋は勿論名聞外見の心を去り、一筋

に祖流の本意を熟達の心掛肝要の事
一　この道を行うに付ては毛頭勝負を論ぜず我が身の智恵を磨き自然の妙を得る事朝鍛夕錬怠るべからざる事

安政二年辰二月

武蔵の技の極意は『兵道鏡』以来「直道」である。直道練磨の方法を「自然の妙を得る事」としていることは興味深い。

3 常識を超えて

最後に武蔵が最強であった理由をまとめてみよう。

武蔵が無敗であった本当の理由は、武蔵が常に常識破りであった事にあった。

13歳と16歳の決闘では小刀を投げて勝っている。このとき少年の武蔵が敵の思いがけない事をして勝利した事が、その後の武蔵の勝負人生を決めている。23歳の吉岡一門との最初の戦い相手である都で名の高い吉岡一門の当主清十郎に対しては笑いかけ、馬鹿にされた清十郎が力一杯打ち懸った太刀を、ゆるゆると外して一瞬戸惑った清十郎を急の太刀で打ち据えている。

長い木刀を持った力自慢の弟の又十郎に対して武蔵は自分の木刀を投げて見せて慌てさせ、体当たりして伝七郎を打ち殺している。

吉岡一門との最後の決闘では常識に反して大勢の敵に一人で戦うことに勝機を見付け、名義人となった清十郎の子の亦七郎を斬り倒し、自分の勝利を保証した後は逃げることに徹している。普通太刀は敵に向けて構えるか脇に構える。しかし武蔵は常識に反し、両刀を後ろに開いて構えている。最初の一刀は、敵の眼の前を、斬るためではなく斬り懸からせるために振るい、あろうことか大勢の敵を武蔵一人で追い廻している。すべて武蔵の〝思いも寄らない常識外れの行動〟が勝利をもたらしている。

そして24歳で日本一になったという自覚を持って書いた最初の術理書『兵道鏡』で勝利の方程式を、

敵の思いも寄らざる事して、拍子ちがいにして先を懸くべし

（『兵道鏡』（第14ヶ条）「先を懸くる位の事」）

と表現している。

29歳での巌流島の戦いでは武蔵は小次郎の長剣より長い木刀を用意する。それを小次郎に悟らせないために、約束の時間に遅れて、いらいらさせ、ここぞと確信した機を「直通の一打」で倒している。この時も常識的な戦い方を否定して、敵の思いがけない事をしたのが武蔵の勝因であった。

30歳以降は主に二刀で戦っている。なぜ二刀か。敵を倒すには一刀でも倒せる。しかし30歳以降は敵に負けを認めさせることが武蔵の求めた「兵法至極」だった。二刀は敵の攻撃がどこから来ても防ぎやすい。敵はどう打とうかと迷う。武蔵はそこをグイと攻める。敵は追い詰められ、無理に斬り懸かるか、なすすべもなく、負けを認めざるを得ない。

武蔵の戦いにおける常識を破った戦い方は『兵道鏡』に書かれており、その常識破りの術理を書いたのが『円明三十五ヶ条』である。武蔵を知るにはこの二書によらなければならない。

最後に常識破りの太刀筋を分かり易く述べておこう。

1　構えはない

ほとんどの流派は構えを重視する。柳生宗矩は『兵法家伝書』で、軽率に仕掛けないで「手前をかまえて、敵に切られぬようにすべし。故に先ず構えを始めとするなり」と言う。武蔵は「構える心あるによりて太

刀居付き身も居付く」と言って、敵が目の前に立った時から身体で攻め、斬る動作を始める。「すべては切る縁」なので、こちらの先を懸けた動きに応じて敵が斬りかかるところに現れる隙を勝つ。

2　早さの否定

達人を表現するのに「目にも止まらぬ」と太刀筋の速さで表現する場合が多い。しかし武蔵は早さを否定して太刀は静かに切るという。早さには対応できるが、攻められた後のゆっくりとした動きには相手の太刀筋がどう来るか分からないので対応する事ができない。

太刀の静かな動きは水となった身体のよどむような動きから生まれる。太刀は身の後から「後れ拍子」に打つ。後れ拍子を武蔵は後に『五輪書』で「流水の打ち」と言い換えている。

「二の越し」の打ちで、敵の気の早きには、我先に身と心を打ち、敵動きの後を「いかにもおそく中にてよどむ心にて間を打つ」と言い、「無念無想」の打ちは、身を打つ様にして、心と太刀は残し、敵の気の間を、空より強く打つ。簡単に分かり易く表現すれば身と心と太刀のいずれかを空にして時間差で違う拍子で打つ。その術理を支えているのが心と身体を「水」にすることである。この水となった心と身体から生まれた兵法至極の術理が「万理一空」だ。

武蔵は、なぜ勝負を繰り返したのか。思いがけない事をするには道場の稽古では不可能で、戦いの「場」と「時」が必要となる。武蔵の稽古は常に実戦であった。恐らく武蔵は敵が目の前に立ったらば、即座に動き出し、一瞬も止まらないで先を懸け、剣ではなく身体で間を越す。武蔵が先を懸けるのは敵を先に斬るためではなく、敵に打ち懸らせるためである。武蔵の考え方、太刀の使い方、全てが常識破りである。

武蔵のこの常識破りの点が理解できないで、武蔵の周りの人々は後世の人を含めて、自分の常識、時代の常識で武蔵を理解する。これまでの武蔵解釈はその常識の集まりで、その多くが誤解と言える。

しかし誤解の原因は晩年の武蔵自身にある。熊本藩主・細川忠利に招かれて戦いに勝つための「兵法書」を書く目的で熊本に行った晩年の武蔵は、大きな時代の流れにあった柳生新陰流の「活人剣」思想を真似て、50歳の頃書いた『円明三十五ヶ条』の冒頭に「大分の兵法」を入れ、術理であった「万理一空」を精神的な意味を持たせて最後に移すという改編を行なってしまった。そこから武蔵への誤解が生まれている。

あれから400年、そろそろ我々は武蔵を本来の武蔵に戻してあげようではないか。武蔵の真実は吉岡一門との3度の決闘に勝利して24歳で書いた『兵道鏡』と兵法至極を得て50歳の頃に書いた『円明三十五ヶ条』にある。

柳生本「円明三十五ヶ条の内」

（春風館所蔵）

※冒頭部と最終部のみ

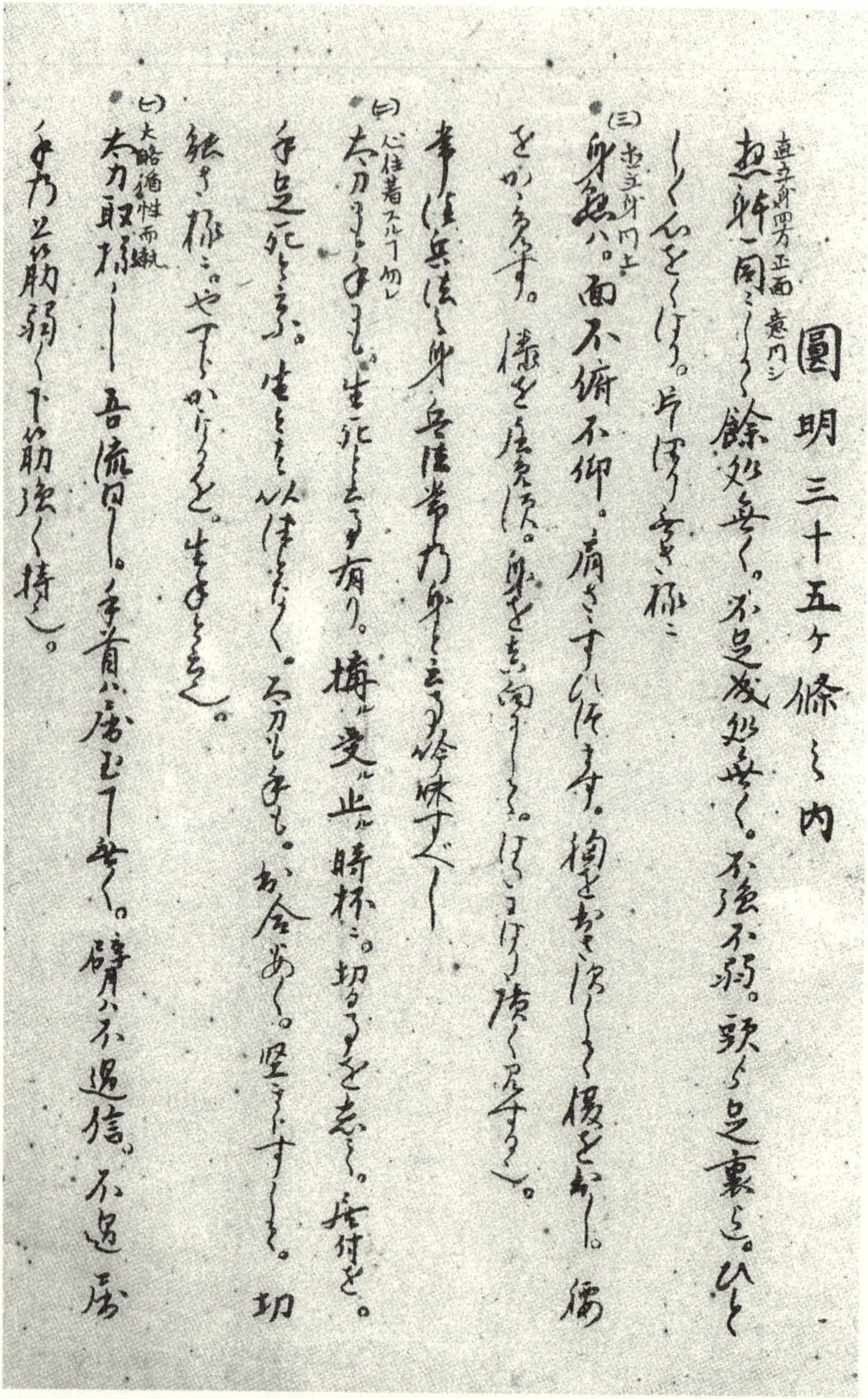
圓明三十五ヶ條之内

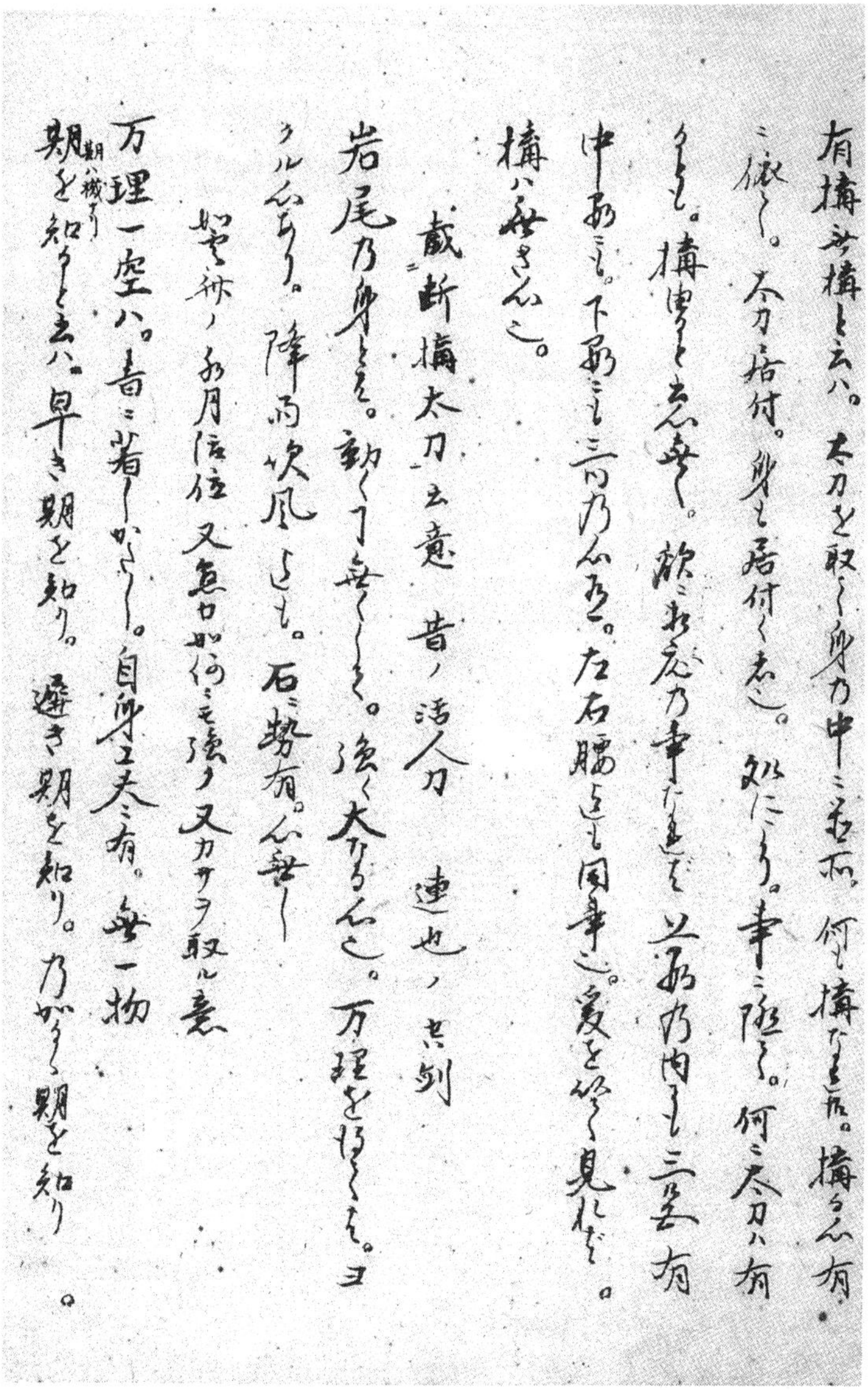

有構無構と云ハ。太刀を取て身乃中ニ在而。何も構なき也。構る心有ニ依て。太刀搆付。身も搆付く者也。無たり。事ニ随ふ。何ニ太刀ハ有るとも。構ありと思無て。敵ニ於而乃事なれとも上段乃内にも三ツ在有中段ニも。下段ニも三ツ乃心有也。左右脇ニも同事也。爰を以て見れハ。構ハ無きと心也。

截断構　太刀ニ云意　昔ノ活人刀　速也ノ忠剣

岩尾乃身ともいふ。動く事無くして。強く大なる心也。万理を悟くする。ヨクル心あり。降雨吹風ともに。石ニ勢有。心無し

如雲秋ノ明月位　又急ロ如何ニモ強ク又力サヲ取ル意

万理一空ハ。音ニ着しからし。自然ノ工夫ニ有。無一物

期を知ると云ハ。期ハ機なり　早き期を知り。遅き期を知り。乃からる期を知り。

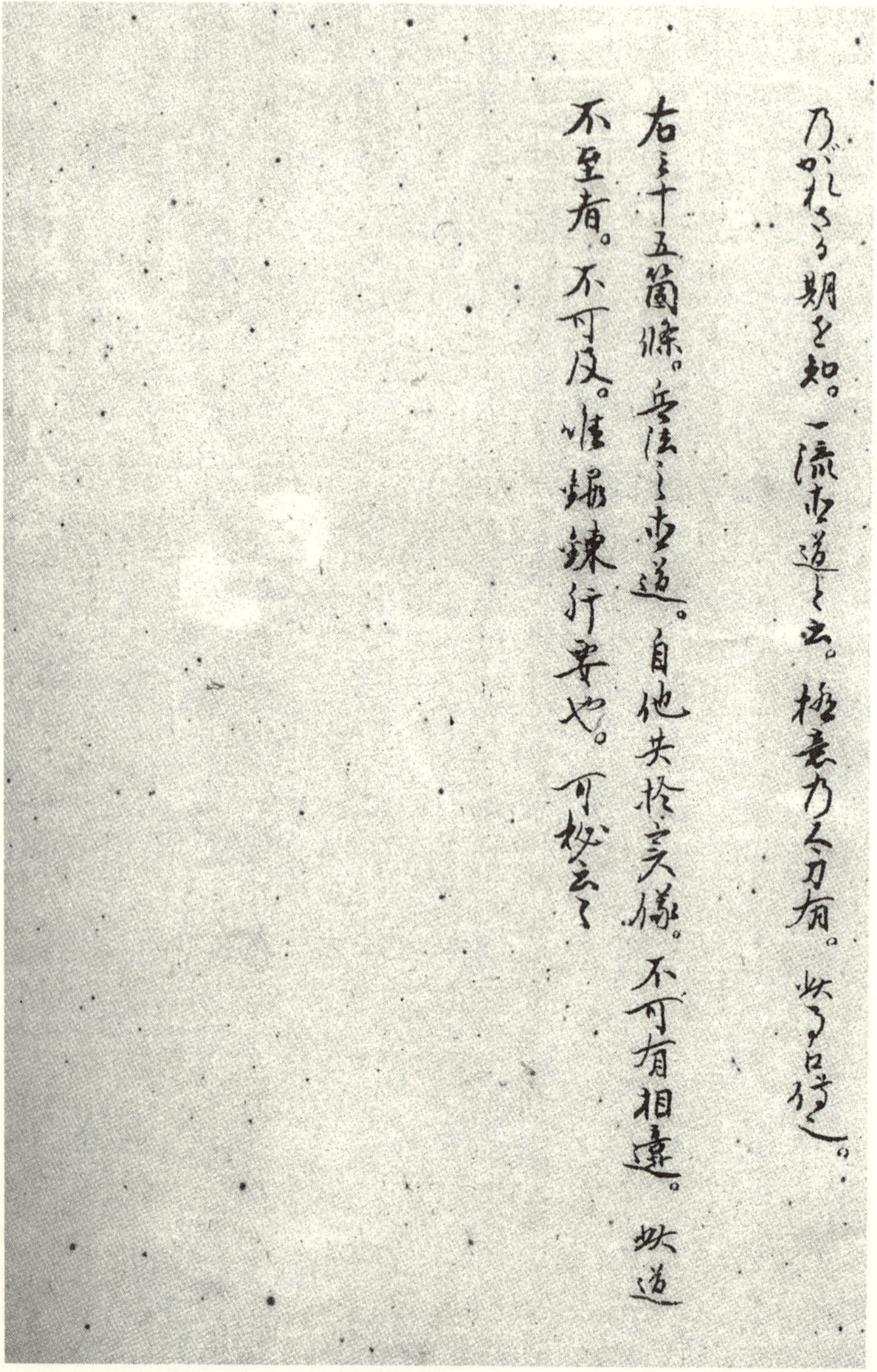
のがれざる期を知。一流之道と云。極意乃太刀有。此等口傳也。
右三十五箇條。兵法之道。自他共於實儀。不可有相違。此道
不至者。不可及。唯鍛錬行要也。可秘云々

勢法・再現技法索引

円明流勢法

『兵道鏡』太刀筋（再現）

お・わ・り・に

武蔵が尾張で伝えた円明流の15代である春風館初代館長神戸金七先生が柳生新陰流の術理を纏めた書物を『柳生の芸能』という。かつては武芸も芸と呼ばれていた。

芸術論の内で最高の書は世阿弥の『風姿花伝』であることは定評となっている。私は宮本武蔵の24歳の術理書『兵道鏡』と「兵法至極」を得て50歳の頃書かれた『円明三十五ヶ条』も日本の芸術論の最高に位置する書であると捉えている。

世阿弥は『花伝書』で最高の境地を「花」と表現し、「秘すれば花なり。秘せずば花なるべからず」と書き、「人の心に思いも寄らぬ感を催す手立、これ、花なり」としてその説明に武術の例をひいている。

例えば、弓矢の道の手立てにも、名将の案計らいにて、思いの外なる手立てにて、強敵にも勝つ事あり。これ、負くる方のためには（負けた方からみれば）、めずらしき理《ことわり》に化かされて敗らるるにてはあらずや（意外性にまどわされて負かされたのではないだろうか）。これ、一切の事、諸道芸において勝つ理なり。（「花伝第七　別紙口伝」）

室町時代の初期、最高の芸能者であることを目指した世阿弥は能の競い合いを「立合いに勝つ」と表現している。「天下一」が時代精神であった安土桃山期に生まれた武蔵は生涯敵に勝って「天下一」の武芸者になることを目指した。武蔵は敵に勝つ最高の術理を『兵道鏡』で「敵の思いも寄らざる事して、拍子ちがいにして先を懸くべし」としている。

能芸と武芸の最高位に位置する二人が「勝つ理」を「思いも寄らない事をする」と表現していることは極めて重要である。そうすると武芸の究極の修練は「敵の思いもよらざる事」ができるようになる修練ということになる。

この事に関して武芸の極意・秘伝の修練と研究を生涯の目的としている私にいつも心にトゲのように気にかかっている事がある。坂本龍馬を斬った男と言われる今井信郎は「武芸を習った者ほど斬るのは簡単。武芸など習わない方が安全」と言ったという。確かに武芸を習った者の太刀筋は達人には予測できるであろう。予測できれば防ぎ易いし、その裏をかけば勝てる道理である。剣術など習った事のない素人に無茶苦茶に懸かられれば思わぬ不覚をこうむることもある。

この点に関してよく知られた寓話「木こりと悟り」がある。木を切り倒している樵《きこり》の近くに現れた珍獣「悟り」を樵が斧で打とうとすると、「悟り」は樵の行動を全て予測するので樵は「悟り」を打ち殺すことが出来ない。諦めて「悟り」に構わず木を切り倒す作業をしていると、斧の刃が自然と抜けて「悟り」を倒してしまったという話である。

やはり思いもかけぬことをするのが武芸の極意・秘伝ということになる。

そうなると形では勝てないことになる。武蔵は試合では形を否定している。

しかしながら〝極意〟を言葉で示すのは難しいもので、「形を捨てよ」と言えばそれで済むかというと、そうもいかない深さ、複雑さがある。

形を捨てるには形のなんたるかを知らねばならない。思いもかけぬ事をなすには、思えば何を為してしまうかが分かっていなければならない。

『五輪書』の言葉は極意を表現したものとして、完成されている。しかし、完璧ではない。むしろその極意の極意たるところは、最初の『兵道鏡』『円明三十五ヶ条』にこそある。ここを読み解かねば極意の何たるかは絶対につかめない、という見地から、本書は上梓に至っている。

『兵道鏡』で、武蔵は〝技〟というものを徹底的に具体的かつ詳細に書き記そうとした。それらの多くは後に捨てる事になるが、実は〝知らなくていい〟ものではない。もちろん〝使えない技〟でもない。何を捨てたか、なぜ、捨てたかを知ってこそ極意は完成する。それは本当に必要なプロセスだったのだ。

『兵道鏡』は、それだけを読もうとすると、実戦で使えるのか微妙に思えるような形式的な技術描写に映るだろう。〝詳細すぎるマニュアル〟にすら思えるかもしれない。おそらく、そう感じながらなぞり読みをしても何もつかめない。しかし、『円明三十五ヶ条』で純化された心得を前提に読むと、まったく違う見え方がしてくるのだ。

完成された『五輪書』を読むだけではみえてこない事もある。しかし、『兵道鏡』『円明三十五ヶ条』を読めば、それこそ『五輪書』だけでは〝思いもかけなかった〟理解が新たに生まれる事だろう。

そして時に、あなたの身体は、あなた自身も思いもよらぬ動きを示すかもしれない。

そんな自分で在るには、どうすればよいか？

身体と心を水のような状態に鍛錬する事だ。

芸術が、計算された技術のみで構築し得るものならば、きっと技術の進歩によって、機械でだって大量生産され得る時代が来るだろう。しかし、そんな事は、これから先も永劫、無理だ。それは、〝思いもよらぬ〟ものこそが、人の心を打つからだ。

それは、武術もまったく変わらない。

〝強さ〟が機械の性能のごとく、身体性能の大小で決まるものなら、あたかもワールド・レコードのように、塗り替えられるのを待つばかりとなるだろう。

武蔵が〝無敗〟だった本当の理由、見えてきたのではないだろうか？

2019年2月

赤羽根龍夫

赤羽根龍夫（あかばね たつお）プロフィール

名古屋・春風館道場にて柳生新陰流、円明流、尾張貫流槍術を学ぶ。現在は春風館関東支部長として鎌倉・横須賀・藤沢・横浜で「新陰流・円明流稽古会」を主宰し、指導に当たっている。平成 27 年 12 月、加藤伊三男館長より「厳周伝・新陰流、尾張円明流を正しく継承している」証を受ける。著書に『柳生新陰流を学ぶ』、『武蔵「円明流」を学ぶ』、DVD『武蔵「円明流」を学ぶ』（スキージャーナル）、『宮本武蔵を哲学する』（南窓社）、『武蔵と柳生新陰流』（集英社）、DVD『分かる！出来る！柳生新陰流（第 1 巻～ 3 巻）』『最強の薙刀入門』『最強の二刀流入門』（BAB ジャパン）などがある。

〈新陰流・円明流稽古会　ブログ〉

http://blog.livedoor.jp/shinkage_keiko/

撮影協力：赤羽根大介（尾張円明流第 17 代継承者）、若尾洋子（柳生新陰流師範）

装幀：谷中英之

本文デザイン：中島啓子

『五輪書』の原典から読み解く

武蔵“無敗”の技法

最重要文書『兵道鏡』

『円明三十五ヶ条』の解読

2019 年 3 月 10 日　初版第 1 刷発行

著　　者　赤羽根 龍夫

発 行 者　東口 敏郎

発 行 所　株式会社ＢＡＢジャパン

〒 151-0073 東京都渋谷区笹塚 1-30-11　4・5 F

TEL　03-3469-0135　　FAX　03-3469-0162

URL　http://www.bab.co.jp/

E-mail　shop@bab.co.jp

郵便振替 00140-7-116767

印刷・製本　中央精版印刷株式会社

ISBN978-4-8142-0183-9　C2075